例文で
しっかり身につく
中学英文法
108

Gakken

はじめに

　「文型」とは，英語の文の「型」，パターンです。中学3年間で学習するこれらの「型」はすべて，将来にわたって英会話や英作文，読解の力の土台となる，非常に大切なものです。

　大人でも，英語で言いたいことを言えるかどうかは，この「型」をいくつ知っているか，そしてどのくらい自由に使いこなせるかにかかっていると言っても過言ではありません。

　多くの中学生のみなさんに，「英文を組み立てる力」を手軽に，楽しみながら身につけてほしい。編集部のそんな思いからこの本は生まれました。

　文法を苦手に感じている人もいるかもしれませんが，文法の細かいルールの理解はあとからでも構いません。まずは英文をたくさん読んで，音声を聞いて，英語の「型」に慣れていってください。

　108のパターンは一見多いように見えますが，実は互いに密接に結びついていて，ひとつのパターンは，以前に学習した他のパターンの変形にすぎないことに気がつくでしょう。その結びつきを感じながら学習を積み上げていくことで，英語を形づくる核となるルールのようなものが，自然と自分のものになっていくはずです。

　この1冊が，みなさんの志望校合格の力強いパートナーとなるとともに，将来にわたって使える真の英語力の土台づくりに大きく役立つことを心より願っています。

本書の構成と使い方

■ 本書の構成

　本書は，中学 3 年間の教科書で習うほぼすべての文型を 108 のパターンに分類したものです。中 1 レベルの文型から，おおむね教科書の学習順にそって収録していますが，文型の結びつきを考慮して，一部，教科書とは順序を変えている部分もあります。

■ 学習の進め方

　付属の赤フィルターを活用して学習しましょう。**赤フィルターは，それぞれの見開きの右ページで使用します**。右ページに赤フィルターをかぶせて英文を消し，日本文だけを見て英文が言えるかどうかチェックしていきましょう。そのさい，左ページで解説されている文型が，右ページの例文で実際にどのように使われているかに注意してください。

　英文の定着には，音声を聞いて耳からインプットすることが効果的です。すべての英文の音声が収録されていますので，**音声で読み方を確認しながら学習を進めてください**。

　日本文だけを見て，できるだけ多くの英文が言えるようになることを目標にして，学習していきましょう。

■ 本書の音声について

　本書の音声は Gakken の音声再生アプリ「my-oto-mo」を使用して再生できます。下記からアプリをスマホにダウンロードした後，「本をさがす」から本書の音声をダウンロードしてご利用ください。また，my-oto-mo スピーキングモードで，各例文の音読チェックができます。（→くわしくは p. 4 へ）

Gakkenのリスニング・スピーキングアプリ「my-oto-mo」

https://gakken-ep.jp/extra/myotomo/

※ アプリは無料ですが，通信料はお客様のご負担になります。

※ お客様のネット環境および端末の設定等により，音声を再生できない場合，当社は責任を負いかねます。

※ 上記のURLから，mp3音声をPCなどにダウンロードすることもできます。お手持ちの音声プレーヤーなどに入れて聞くこともできます。

■音声の構成

　本書のリスニング用音声は，1見開きで1トラックの構成になっています。各トラックには次の順序で音声が収録されています。

> 左ページのイラスト部分の日本文 → その英文
> → 右ページの例文❶の日本文 → その英文
> → 例文❷の日本文 → その英文 …… （以下，最後の例文まで収録）

　日本文の音声も収録されているので，音声だけでも手軽に復習できます。通学時間や空き時間を利用して繰り返し聞き，英文に耳から慣れましょう。

■my-oto-moで例文の音読トレーニングをしよう！

　音声再生アプリ my-oto-mo では，本書の例文の「音読トレーニング」ができます。お手本の音声を聞いて，自分でも音読してみましょう。アプリがあなたの発音を判定して，採点してくれます。

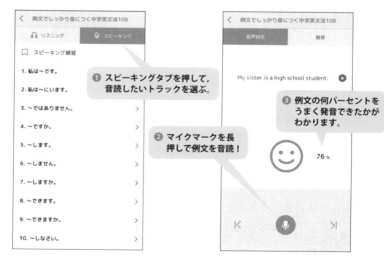

※一部固有名詞などが正常に判定されない場合があります。ご了承ください。
※ my-oto-mo では自分の音読を録音することもできます。
　なお，録音機能の利用には GakkenID の登録が必要です。

Contents もくじ

《例文でしっかり身につく 中学英文法108》

5

単語の働き（英語の品詞）

文型の学習を始める前に，英語の文を構成する単語の働きについて確認しておきましょう。英語の単語は，文中での働きによって，次の品詞に分けることができます。

● **名詞**　　例 book（本），friend（友だち），water（水），music（音楽），Japan（日本），Miyuki（美雪）など

❶ 名詞はものや人の名前を表す語です。

❷ a book, two books のように，1つ，2つ…と**数えられる名詞**と，water のように**数えられない名詞**があります。

❸ books のように複数のときの形を**複数形**といいます。複数形のつくり方は p.228 で確認しましょう。

● **代名詞**　　例 you（あなた），he（彼），it（それ），this（これ），that（あれ），they（彼ら・彼女ら・それら），something（何か）など

❶ 代名詞は名詞の代わりをする語です。

❷ you や he，she などは，文中での働きによって**形が変化**します。

単数	～は, が （主格）	～の （所有格）	～を, に （目的格）	複数	～は, が （主格）	～の （所有格）	～を, に （目的格）
私	I	my	me	私たち	we	our	us
あなた	you	your	you	あなたたち	you	your	you
彼	he	his	him	彼ら			
彼女	she	her	her	彼女ら	they	their	them
それ	it	its	it	それら			

● **動詞**　　例 am / are / is（～である），play（演奏する），like（好む），teach（教える），live（住む），go（行く），know（知っている）など

❶ 動詞は「～する」「～である」のように**動作**や**状態**を表す語です。

❷ **be 動詞**（am, are, is）と**一般動詞**（be 動詞以外のすべての動詞）に分けられます。

❸ 動詞は，主語が何であるかや，現在か過去かなどによって**形が変化**します。

● **助動詞** 例 can（〜できる），will（〜だろう），may（〜かもしれない），
should（〜するほうがいい）など

❶ 助動詞は**動詞の前**において，いろいろな意味をつけ加える働き
をします。

❷ 助動詞のあとの動詞は**原形**（変化しないもとの形）を使います。

● **形容詞** 例 new（新しい），good（よい），busy（忙しい），happy（幸せな），
late（遅れた），interesting（おもしろい）など

❶ 形容詞はものや人の**ようす**を表す語です。

❷ おもに**名詞**を修飾します。

❸ **名詞の前**におく場合と，**be 動詞**などのあとにおく場合があります。

● **副詞** 例 well（上手に），slowly（ゆっくりと），here（ここに［で］），
there（そこに［で］），now（今），then（そのとき）など

❶ 副詞は**動詞や形容詞**を修飾する語です。

❷ 時や場所などを表す副詞もあります。

● **前置詞** 例 in（〜の中に），on（〜の上に），at（〜のところに・〜時に），
to（〜へ），under（〜の下に），before（〜の前に）など

❶ 前置詞は**名詞・代名詞の前**におきます。

❷ 〈前置詞＋名詞［代名詞］〉のまとまりで，時や場所など，さまざ
まな意味を表します。

● **接続詞** 例 and（そして），or（または），but（しかし），so（だから），
that（〜ということ），when（〜のとき）など

● 接続詞は単語と単語や，単語のまとまりどうしをつなぐ語です。

● **冠詞** 例 a, an, the

● 冠詞は**名詞の前**において「1つの」「その」などの意味を表します。

● **間投詞** 例 oh, hi, wow など

● 間投詞は感情や呼びかけなどを表す語です。

1

私は〜です。

I'm 〜.

私は美雪です。

I'm Miyuki.

文型 1

「○○は〜です」は〈主語＋be 動詞 〜.〉で表します。

主語	**be動詞**	
I 私	am	Miyuki. 美雪
This book この本	is	interesting. おもしろい

ここがポイント！

1 be 動詞は主語によって変化します。

2 話し言葉では短縮形がよく使われます。

私は	I	am		I'm	
彼は	He			He's	
彼女は	She	is		She's	
それは	It		〜.	It's	〜.
私たちは	We			We're	
あなた/あなたたちは	You	are		You're	
彼ら/彼女ら/それらは	They			They're	

❶ 私は14歳です。

I'm fourteen years old.

❶ years old を省略して，単に I'm fourteen. とだけ言う場合もある。

❷ 私の姉は高校生です。

My sister is a high school student.

❶ 英語では「兄か弟か」「姉か妹か」を区別せず，単に brother, sister とだけ言うことが多い。

❸ 彼は中国の出身です。

He's from China.

❶〈be 動詞＋from 〜〉で「〜の出身だ」という意味。

❹ 私たちは疲れています。

We're tired.

❺ この本はおもしろいです。

This book is interesting.

❻ こちらは健二です。

This is Kenji.

❶ 人を紹介するときや，電話で自分の名前を名乗るときにも This is 〜. を使う。

❼ 私のいちばん好きな教科は音楽です。

My favorite subject is music.

2

私は〜にいます。

I'm in 〜.

私は今，ニューヨークにいます。

I'm in New York now.

文型 2

「○○は〜にいます」も〈主語＋be 動詞 〜.〉で表します。

主語	be 動詞	場所を表す語句
I (私)	am	in New York (ニューヨークに) .
She (彼女)	is	here (ここに) .

ここがポイント！

1 物を主語にして「○○は〜にあります」と言うこともできます。

2 場所を表す語句とは，〈前置詞＋名詞〉のほか，here（ここに），there（そこに）などです。

- in 〜（〜の中に）：in Kobe（神戸に）
- on 〜（〜の上に，〜に接触して）：on the wall（かべに）
- under 〜（〜の下に）：under the desk（机の下に）
- by 〜（〜のそばに）：by the door（ドアのそばに）

❶ 彼らは台所にいます。

They're in the kitchen.

❷ 私のかばんは机の上にあります。

My bag is on the desk.

❶ on は「〜の上に，〜に接触して」という意味。

❸ あなたのねこたちはテーブルの下にいます。

Your cats are under the table.

❶ underは「〜の下に」という意味。

❹ 美雪は窓のそばにいます。

Miyuki is by the window.

❶ byは「〜のそばに」という意味。

❺ 母は今，家にいます。

My mother is at home now.

❶ at home は「家に，家で」という意味。at をつけずに，home 1 語で同じ意味を表すこともある。

❻ 私の家は駅の近くにあります。

My house is near the station.

❶ near は「〜の近くに，近くで」という意味。

❼ 彼女はここにいます。

She's here.

❶ here は 1 語で「ここに，ここで」という意味。

3

〜ではありません。

I'm not 〜.

私はおなかがすいていません。

I'm not **hungry.**

文型 3

「〜ではありません」は〈be 動詞＋not〉で表します。

主語	be 動詞		
I 私	am	not	hungr y. おなかがすいた
He 彼	is	not	here now. ここに 今

ここがポイント！

1 短縮形には 2 つのパターンがあり，どちらを使ってもOKです。

2 ˣamn't という短縮形はないので注意しましょう。

I'm	
He's	
She's	
It's	not 〜.
We're	
You're	
They're	

He	
She	isn't 〜.
It	
We	
You	aren't 〜.
They	

Practice 文型を身につけよう

❶ 私は高校生ではありません。

I'm not a high school student.

❷ 彼は今，ここにいません。

He's not here now.

❶「（〜に）いない」も〈be 動詞＋not〉で表す。

❸ 彼女の両親は日本にいません。

Her parents aren't in Japan.

❹ これは私のノートではありません。

This isn't my notebook.

❺ これらは桜の木ではありません。

These aren't cherry trees.

❶ these が複数のものをさすので，tree も複数形 trees になる。

4

〜ですか。

Are you 〜?

あなたは忙しいですか。

Are **you busy?**

文型 4

> **be 動詞の疑問文は** be 動詞で文を始めます。

be動詞	主語	
Are	**you** あなた	**busy?** 忙しい
Is	**that** あれ	**Mt. Fuji?** 富士山

ここがポイント！

1 be 動詞は主語によって変化します。また，疑問文に答えるときには，次のように代名詞を主語にします。

▼疑問文の主語				▼「はい」の答え			▼「いいえ」の答え			
Are	you（あなた）				I	am.		I	am	
	he / 1人の男性				he			he		
Is	she / 1人の女性	〜 ?	Yes,	she	is.	No,	she	is	not.
	it / 1つの物				it			it		
Are	they / 複数の人・物				they	are.		they	are	

❶ あなたはカナダ出身ですか。— はい，そうです。

Are you from Canada? — Yes, I am.

❶「はい」と答えるときは〈Yes, 主語＋be 動詞.〉。

❷ お母さんは今，家にいますか。— いいえ，いません。

Is your mother at home now? — No, she isn't.

❶ 答えの文では，he, she などの代名詞を使う。

❸ あれが富士山ですか。— いいえ，ちがいます。

Is that Mt. Fuji? — No, it isn't.

❶ this，that など「1 つの物」が主語のときは，答えの文では it を使う。

❹ 彼らは高校生ですか。— はい，そうです。

Are they high school students? — Yes, they are.

❺ これらはあなたのまんがですか。— いいえ，ちがいます。

Are these your comic books? — No, they aren't.

---

this / that / these / those

this（これ）の複数形が these（これら），that（あれ）の複数形が those（あれら）です。this / that には it で，these / those には they で答えます。

・Is this / that 〜?　　　→答え方 Yes, it is. / No, it isn't.
・Are these / those 〜?　→答え方 Yes, they are. / No, they aren't.

〜します。

I 動詞 ….

私はピアノを弾きます。

I play the piano.

文型 **5**

ふだんの習慣などについて「(…を)〜します」
と言うときは，〈主語＋一般動詞 ….〉で表します。

主語 I 私	**一般動詞** play 〜を弾く	the piano. ピアノ

ここがポイント

① 主語が he, she
など3人称単数
のときは，動詞
に s をつけます。

I You	play	
He / She / It / Maki / My brother など3人称単数	plays	….
We / They / Maki and Kenji / My brothers など複数	play	

❶ 私の父はギターを弾きます。

My father plays the guitar.

❶ 主語が3人称単数なので，動詞に s がつく。

❷ 私はねこが好きです。

I like cats.

❸ 真紀は毎日テレビを見ます。

Maki watches TV every day.

❶ watch には s ではなく es をつける。

❹ 鈴木先生は数学を教えています。

Mr. Suzuki teaches math.

❶「数学の先生です」という意味合いの文。「今，授業中です」の意味ではない。

❺ 私たちは東京に住んでいます。

We live in Tokyo.

❶ 主語が複数なので，動詞には s をつけない。

❻ 彼らは英語を話します。

They speak English.

---

s のつけ方に注意する動詞

主語が3人称単数のとき，ほとんどの動詞には s をつけるだけでいいのですが，watch → watches のように es をつける動詞もあります。p.228 で確認しましょう。また，have は不規則に変化して has という形になります。

6

〜しません。

I don't 動詞 ….

私はテレビを見ません。

I don't watch TV.

文型 6

「〜しません」は〈don't / doesn't＋動詞の原形〉で表します。

主語		動詞の原形	
I 私	**don't** 〜しない	**watch** 〜を見る	TV. テレビ
She 彼女	**doesn't** 〜しない	**like** 〜が好き	cats. ねこ

ここがポイント！

① 主語が3人称単数のときは, don't[do not]の代わりに **doesn't**[does not]を使います。

② 動詞にはsをつけません。don't / doesn't のあとの動詞は原形です。

I You	don't	play など 動詞の 原形	….
He / She / It など3人称単数	doesn't		
We / They など複数	don't		

22

❶ 私はスマホを持っていません。

I don't have a smartphone.

❷ 私には兄弟がいません。

I don't have any brothers.

> ❶ any は否定文では「1つ[1人]も(～ない)」という意味。

❸ 洋介は野球をしません。

Yosuke doesn't play baseball.

> ❶ 主語が3人称単数のときは doesn't を使い，動詞に s をつけない。

❹ 私の母はねこが好きではありません。

My mother doesn't like cats.

> ❶ 特定の1匹のねこを指しているのではないので，cats(複数形)にする。

❺ スミス先生は授業では日本語を話しません。

Mr. Smith doesn't speak Japanese in class.

❻ 私の祖父母は東京には住んでいません。

My grandparents don't live in Tokyo.

> ❶ 主語が複数なので don't を使う。

7

〜しますか。

Do you 動詞 …?

あなたはテニスをしますか。

Do you play tennis?

文型 7

「**〜しますか**」は Do / Does で文を始めます。

	主語	**動詞の原形**	
Do	**you** あなた	**play** 〜をする	tennis? テニス
Does	**Kenji** 健二	**like** 〜が好き	soccer? サッカー

ここがポイント❗

❶ 主語が3人称単数のときは，do の代わりに does を使います。

❷ 動詞には s をつけません。Do / Does 〜? の疑問文では，動詞はいつも原形です。

Do	you（あなた）	play など 動詞の 原形	…?
Does	he / 1人の男性		
	she / 1人の女性		
	it / 1つの物		
Do	they / 複数の人・物		

❶ あなたは毎日テレビを見ますか。 ― はい，見ます。

Do you watch TV every day? ― Yes, I do.

❶「はい」と答えるときは〈Yes, ～ do / does.〉。

❷ あなたには兄弟がいますか。 ― いいえ，いません。

Do you have any brothers? ― No, I don't.

❶「いいえ」と答えるときは〈No, ～ don't / doesn't.〉。

❸ 健二はサッカーが好きですか。 ― いいえ，好きではありません。

Does Kenji like soccer? ― No, he doesn't.

❶ 主語が 3 人称単数なので does を使う。

❹ リサは日本語を話しますか。 ― はい，話します。

Does Lisa speak Japanese? ― Yes, she does.

❺ このバスは駅に行きますか。 ― はい，行きます。

Does this bus go to the station? ― Yes, it does.

❶ 人だけでなく，物が主語になることもある。

❻ あなたの両親は何かスポーツをしますか。 ― いいえ，しません。

Do your parents play any sports? ― No, they don't.

❶ 主語が複数なので do を使う。

---

any の意味
any は，否定文では「1つ[1人]も(～ない)」という意味を，疑問文では「いくらかの，何か1つ[1人]でも」という意味を表します（日本語に訳さないことも多い）。あとにくる名詞はふつう複数形になります。

～できます。

I can 動詞 ….

私はバイオリンが弾けます。

I can play the violin.

文型 8

「～できます」は〈can＋動詞の原形〉で表します。

動詞の原形

I	can	play	the violin.
私	～できる	～を弾く	バイオリン

ここがポイント !

1 can のあとの動詞はいつも原形です。

2 「～できません」と言うときは，can の代わりに can't または cannot を使います。

❶ 私は中国語を話せます。

I can speak Chinese.

❷ 佐織はとてもじょうずにスキーができます。

Saori can ski very well.

❶ 主語が 3 人称単数でも，can や動詞に s はつけない。この ski は「スキーをする」という動詞。

❸ いつでも私に電話していいですよ。

You can call me anytime.

❶ can は「～してもよい」という許可を表すこともある。

❹ 私は泳げません。

I can't swim.

❺ あなたの声が聞こえません。

I can't hear you.

❻ 母は車を運転できません。

My mother can't drive.

❶ 主語が 3 人称単数でも，〈can't＋動詞の原形〉の形は同じ。

9

🎧 009 **小学〜中1**

入試出題率 ★
can の疑問文

～できますか。

Can you 動詞 …?

私の声が聞こえますか。

Can **you** hear **me?**

文型9

「～できますか」は Can で文を始めます。

動詞の原形

| **Can** | you | **hear** | me? |

~を聞く

ここがポイント！

1 主語が何であっても，動詞は原形を使います。

2 Can ～? の疑問文に対しては，Yes, ～ can. または No, ～ can't.
[No, ～ cannot.] で答えます。

28

❶ あなたは泳げますか。 ― はい，泳げます。

Can you swim? ― Yes, I can.

❷ 洋介はギターを弾けますか。 ― いいえ，弾けません。

Can Yosuke play the guitar? ― No, he can't.

❶ 主語が3人称単数でも，動詞にはsをつけない。

❸ あなたのお父さんは料理ができますか。 ― はい，できます。

Can your father cook? ― Yes, he can.

❹ あそこにいる鳥が見えますか。 ― いいえ，見えません。

Can you see the bird over there? ― No, I can't.

❺ 彼らは日本語が読めますか。 ― はい，読めます。

Can they read Japanese? ― Yes, they can.

依頼の Can you ～? と許可の Can I ～?

Can you ～? は「あなたは～できますか」という意味ですが，「～してくれ
ますか」のように何かを頼むときにも使われます。また，Can I ～? で「～
してもいいですか」と許可を求めることもできます。これらの使い方につい
ては，p.94～97で学習します。

10

中1
入試出題率 ★
命令文

～しなさい。

動詞 ・・・。

手を洗いなさい。

Wash your hands.

文型10

「～しなさい」は動詞の原形で文を始めます。

動詞の原形

Wash   your   hands.
～を洗う   あなたの   手

ここがポイント！

1 場面や口調によって，強い命令になったり，「～してください」という
お願いや指示になったり，提案になったりします。

2 文の初めか終わりに please をつけると，命令の調子をやわらげます。文の終わりにつけるときは，please の前にコンマ(,)を入れます。

3 be動詞の命令文では，be動詞の原形 be を使います。

❶ 起きなさい，大樹。

Wake up, Daiki.

❶ 文の初めや終わりに，名前などの呼びかける語をつけることがある。

❷ 私のえんぴつを使って。

Use my pencil.

❶ 命令するときだけでなく，相手のために何かを申し出るときにもこの文型を使うことがある。

❸ 窓を開けてください。

Open the windows, please.

❹ 1つめの角を右に曲がってください。

Turn right at the first corner.

❶ 道案内でもこの文型を使う。

❺ 気をつけて，佐織。

Be careful, Saori.

❶ be 動詞の場合は Be で文を始める。careful は「注意深い」という意味の形容詞。

❻ お母さん，ここへ来て私を手伝ってください。

Mom, please come here and help me.

〜してはいけません。

Don't 動詞 ….

その箱を開けてはいけません。

Don't open **the box.**

文型 11

「〜してはいけません」は Don't で文を始めます。

Don't	動詞の原形 open	the box.
〜するな	〜を開ける	その 箱

ここがポイント！

1 Don't のあとの動詞はいつも原形を使います。

2 文の初めか終わりに please をつけると，命令の調子をやわらげます。文の終わりにつけるときは, please の前にコンマ(,)を入れます。

3 be 動詞の命令文は, Don't be 〜. の形になります。

❶ 心配しないで。

Don't worry.

❷ そんなに速く歩かないで。

Don't walk so fast.

❸ ここで写真を撮ってはいけません。

Don't take pictures here.

❶ take a picture で「写真を撮る」という意味。

❹ これらの絵に手を触れないでください。

Please don't touch these pictures.

❶ picture には「写真」と「絵」の両方の意味がある。

❺ 遅れないでね，美雪。

Don't be late, Miyuki.

❶ late は「遅い，遅れた」という意味の形容詞。

～しましょう。

Let's 動詞 ….

家に帰りましょう。

Let's go **home.**

文型12

「～しましょう」と誘うときは Let's で文を始めます。

|動詞の原形|
| Let's | **go** | home. |
| ～しよう | 行く | 家へ |

ここがポイント！

1 Let's のあとには動詞が必要です。

2 Let's のあとの動詞はいつも原形を使います。

❶ テニスをしましょう。

Let's play tennis.

❶ Let's のあとには動詞が必要。✗Let's tennis. などとしないように注意。

❷ 放課後に買い物に行きましょう。

Let's go shopping after school.

❶ go shopping で「買い物に行く」という意味。

❸ 矢野先生に聞いて[たずねて]みましょう。

Let's ask Mr. Yano.

❹ あの木の下に座りましょう。

Let's sit under that tree.

❺ 今夜は外食しましょう。

Let's eat out tonight.

❶ eat out で「外食する」という意味。

13

～は何ですか。

What's ～?

あの高い建物は何ですか。

What's **that tall building?**

文型 13

「～は何ですか」は What is ～? で表します。

What	**is** (be 動詞)	that tall building	?
何		あの高い建物	

ここがポイント！

1 what は「何」という意味で，いつも文の最初におきます。

2 話し言葉では，what is の短縮形 **what's** がよく使われます。

3 What's ～? に対しては，ふつう It's ～. で答えます。

❶ これは何ですか。 － 日本の扇子^{せんす}です。

What's this? — It's a Japanese fan.

❶ fan はここでは「うちわ，扇子」の意味。

❷ あれは何ですか。 － 美術館です。

What's that? — It's an art museum.

❸ あなたのいちばん好きなスポーツは何ですか。 － テニスです。

What's your favorite sport? — Tennis.

❶ 話し言葉では Tennis. のように主語，動詞を省略することがある。

❹ これらは何ですか。 － 折り鶴^{づる}です。

What are these? — They're paper cranes.

❶ 複数のときは What are ～? でたずね，They're ～. で答える。

What's ～ ? の言い方
what は「何」という意味で，疑問詞(→p.36～63)の１つです。疑問詞の疑
問文は，p.18 の Are you ～ ? などの Yes / No で答える疑問文とちがい，文
末を下げ調子で言うのが基本です。

14

何を〜しますか。

What do you 動詞 …?

あなたは手に何を持っていますか。

What do **you** have

in your hand?

文型 14

「何を〜しますか」は **What** で文を始め，
そのあとに **do you 〜?** や **does he 〜?** などを続けます。

動詞の原形

| **What** | **do you have** | in your hand? |
何 | 〜を持っている | 手の中に

| **What** sport | **does she like?** |
何のスポーツ | 〜が好き

ここがポイント

1 主語が3人称単数のときは，do の代わりに **does** を使います。

2 〈what＋名詞〉で，「何の〜」とたずねることもできます。

What または 〈What ＋名詞〉	do	you they など複数	like など 動詞の 原形	…?
	does	he / she / it など 3人称単数		

❶ あなたはデザートに何がほしいですか。 ― 果物がほしいです。

What do you want for dessert?

― I want some fruit.

❷ あなたは朝食にふつう何を食べますか。

― ふつうごはん(米)を食べます。

What do you usually have for breakfast?

― I usually have rice.

❸ あなたのお母さんは土曜日には何をしますか。

― ふつう読書をします。

What does your mother do on Saturdays?

― She usually reads books.

❶ 主語が3人称単数のときは，動詞に s をつけた形で答える。

❹ 真紀は何のスポーツが好きですか。 ― 彼女はテニスが好きです。

What sport does Maki like? ― She likes tennis.

❶ what sport(s) で「何の[どんな]スポーツ」という意味になる。

❺ あなたはどんな種類の映画が好きですか。 ― アクション映画です。

What kind of movies do you like?

― I like action movies.

❶ what kind of ～ で「どんな種類の～」という意味。

15

何時～？

What time ～?

何時ですか。

What time **is it?**

文型 15

「**何時（に）**」とたずねるときは **What time** で文を始めます。

<u>What   time</u>   is   it?
何時

<u>What   time</u>   <u>do you get up?</u>
何時に   あなたは起きるのか

ここがポイント！

1 「（今）何時ですか」は，**What time is it?** とたずねます（この it は時刻を表す文の主語で，特に何かをさしているわけではありません）。

2 「何時に～しますか」とたずねるときは，**What time** のあとに **do** you～? や **does** he ～? などの疑問文を続けます。

❶ 何時ですか。－ 10時40分です。

What time is it? － It's ten forty.

❶ 答えは It's ～. の形。時刻は「時」「分」の順に数字を並べればよい。

❷ あなたは毎朝何時に起きますか。－ 6時に起きます。

What time do you get up every morning?
－ I get up at six.

❶「～時に」は at ～。six のあとに「～時（ちょうど）」という意味の o'clock をつけることもある。

❸ あなたのお母さんはたいてい何時に帰宅しますか。－ 5時ごろです。

What time does your mother usually come home?
－ She comes home around five.

❶「～時ごろに」は（at）around ～ または（at）about ～。

❹ あなたはたいてい何時に寝ますか。－ たいてい10時に寝ます。

What time do you usually go to bed?
－ I usually go to bed at ten.

❶ go to bed は「寝る，就寝する」という意味。

曜日をたずねる文
「今日は何曜日ですか」は，What day を使い it または today を主語にして
次のようにたずねます。
・What day is it today?／What day is today?（今日は何曜日ですか。）
　－ It's Sunday.（日曜日です。）

だれ～？

Who ～?

あの背の高い男の子はだれですか。

Who is that tall boy?

文型16

「だれ」とたずねるときは Who で文を始めます。

Who	is	that	tall	boy?
だれ		あの	背の高い	男の子

Who	lives	in	that	house?
	住んでいる		あの家に	

ここがポイント⚡

1 「～はだれですか」は Who is ～? でたずねます。you や複数の人につい ては Who are ～? となります。

2 Who is は短縮形の Who's がよく使われます。

3 「だれが～しますか」とたずねるときは，who を文の主語にして 〈Who＋動詞 …?〉とします。この場合，do / does は使いません。

❶ あれはだれですか。 ― リサです。

Who's that? ― That's Lisa.

❷ あなたの英語の先生はだれですか。 ― 島田先生です。

Who's your English teacher? ― Ms. Shimada.

❸ 直樹とはだれですか。 ― 彼は私のいとこです。

Who's Naoki? ― He's my cousin.

❶〈Who is＋名前?〉で，「～とはだれ（のこと）ですか」の意味。

❹ この写真に写っている人たちはだれですか。― 私のクラスメイトです。

Who are the people in this picture?

― They're my classmates.

❺ だれがあの家に住んでいるのですか。― 伊藤さんです。

Who lives in that house? ― Mr. Ito does.

❶「だれが～しますか」は〈Who＋動詞 …?〉。who は 3 人称単数扱いで動詞に s をつける。

どこ～？

Where ～?

洋介はどこですか。

Where is Yosuke?

文型 17

「どこに，どこで」とたずねるときは Where で文を始めます。

Where	is	Yosuke?
どこに		洋介

Where	do	you	live?
	あなたは住んでいるのか		

ここがポイント！

❶ 「～はどこにありますか / いますか」は，Where is ～? でたずねます。主語が you や複数なら Where are ～? になります。

❷ 「どこで～しますか」とたずねるときは，Where のあとに do you ～? や does he ～? などの疑問文を続けます。

❶ 美雪はどこにいますか。 — 台所にいます。

Where's Miyuki? — She's in the kitchen.

❶ where's は where is の短縮形。場所を答えるときは，on，in，at などの前置詞をよく使う。

❷ お手洗いはどこですか。 — 2階にあります。

Where is the bathroom?
— It's on the second floor.

❶ 家庭のお手洗い（トイレ）はbathroomと言うことが多い。

❸ 私のめがねはどこですか。 — テーブルの上にあります。

Where are my glasses? — They're on the table.

❶ glasses（めがね）が複数なので，be 動詞は are を使う。

❹ あなたはどこに住んでいますか。 — 埼玉に住んでいます。

Where do you live? — I live in Saitama.

❺ あなたはどこでバドミントンをしますか。 — 学校の体育館です。

Where do you play badminton?
— In the school gym.

❻ （私は）どこで切符を買えますか。 — あそこです。

Where can I buy a ticket? — Over there.

❶ can の文。over there は「あそこで[に]」という意味。

18

🎧 018 小学～中1
入試出題率 ★★
疑問詞の疑問文
（when）

いつ～？

When ～?

あなたの誕生日はいつですか。

When **is your birthday?**

文型 18

「いつ」とたずねるときは When で文を始めます。

When	is	your	birthday?	
いつ		あなたの	誕生日	

When	do	you	watch	TV?
	あなたは	テレビを見るのか		

ここがポイント !

1 「～はいつですか」は When is ～? でたずねます。

2 「いつ～しますか」とたずねるときは，When のあとに do you ～? や does he ～? などの疑問文を続けます。

❶ 文化祭はいつですか。 ― 5月1日です。

When is the school festival? ― It's May 1.

❶ 日付は，May first または May the first のようにふつう序数で言う。

❷ あなたはいつテレビを見ますか。 ― たいてい夕食後です。

When do you watch TV? ― Usually after dinner.

❸ あなたのダンスのレッスンはいつですか。 ― 毎週土曜日です。

When do you have dance lessons?
― On Saturdays.

❹ 彼はいつピアノを練習するのですか。― 毎日放課後に練習します。

When does he practice the piano?
― He practices after school every day.

❺ 次はいつあなたに会えますか。
　― 私は毎週月曜日と金曜日にここに来ます。

When can I see you next time?
― I come here on Mondays and Fridays.

19

～はどうですか。

How is ～?

東京の天気はどうですか。

How's the weather in Tokyo?

文型19

「～はどうですか」は How is / are ～? でたずねます。

	be 動詞	
How	is	the weather?
どう		天気
How	are	you?
		あなた

ここがポイント！

1 人について How is / are ～? と言うと，元気か，忙しいかなど，調子や状態をたずねることになります。

2 「～はどうですか」と物事の様子や天気などをたずねることもできます。

3 How about ～? は，「～はどうですか」と提案したり，誘ったり，意見を求めたりする表現です。

❶ 元気ですか。－ 元気です。

How are you? — I'm fine.

❷ あなたのおじいさんはどうですか[元気ですか]。－ とても元気です。

How's your grandfather? — He's very good.

❶ how's は how is の短縮形。

❸ ニューヨークの天気はどうですか。－ くもっています。

How's the weather in New York? — It's cloudy.

❶ How's the weather? で天気をたずねることができる。答えは It's ～. の形。

❹ 新しい学校はどうですか。

－ すばらしいです！ ここの先生たちが大好きです。

How's your new school?

— Great!　I really like the teachers here.

❺ 私はこの色が好きです。あなたはどうですか。

I like this color.　How about you?

天気を表す言葉

sunny（日が照っている），cloudy（くもっている），rainy（雨が降っている），
snowy（雪が降っている），windy（風の強い）　など

・It's sunny today.（今日は日が照っています。）

20

🎧 020　小学～中1
入試出題率 ★★★★
疑問詞の疑問文
（How do / does ～?）

どうやって～?

How do ～?

あなたはどうやって学校に来ますか。

How do you come to school?

文型20

「どうやって～しますか」は，How のあとに
do you ～? や does he ～? などの疑問文を続けます。

How do you come to school?
　どうやって　　　　あなたは学校へ来るのか

ここがポイント！

❶ この how は「どうやって」「どのようにして」という意味です。手
段や方法をたずねることができます。

❷ How can ～? で「どうすれば～できますか」とたずねることができ
ます。

❶ あなたはふだんどうやって図書館へ行きますか。－ 自転車で行きます。

How do you usually go to the library?

― I go there by bike.

❶ by ～ で「～で」と手段を表すことができる。

❷ あなたのお父さんはどうやって通勤していますか。

― バスに乗って行きます。

How does your father get to work?

― He takes the bus.

❶ get to で「～に着く」という意味。take には「(交通機関)を利用する」の意味がある。

❸ あなたはひまなときはどのように過ごしていますか。

― たいてい家でテレビを見ます。

How do you spend your free time?

― I usually watch TV at home.

❶ spend は「(時間)を過ごす」という意味。

❹ 新しい先生をどう思いますか。－ 彼はやさしいので好きです。

How do you like the new teacher?

― He's nice and I like him.

❶ How do you like ～? は「～をどう気に入っていますか」と意見や感想をたずねる言い方。

❺ (私は)そこへどのようにして行けますか。

― そこへは歩いて行けます。

How can I get there? ― You can walk there.

❶ get there で「そこに着く」という意味。×get to there としないように注意。

いくつ〜？ など

How many 〜?

あなたは何冊のマンガ本を持っていますか。

How many comic books
do you have?

文型21

「いくつ(の)」とたずねるときは How many を使います。

名詞の複数形

| <u>How</u> <u>many</u> | comic books | do you have? |

いくつの　　　　　　マンガ本　　　あなたは持っているのか

ここがポイント！

1 How many のあとの名詞は複数形にします。

2 数えられないものの量や，ものの値段について「どのくらい，いくら」とたずねるときには How much を使います。

❶ あなたにはいとこが何人いますか。 ― 3人います。

How many cousins do you have? ― I have three.

❷ 今日は授業がいくつありますか。

― 今日はたった4つしかありません。

How many classes do you have today?
― We only have four classes today.

❸ 彼女は何か国語を話せるのですか。― 4か国語を話せます。

How many languages can she speak?
― She can speak four languages.

❹ このセーターはいくらですか。 ― 6,000円です。

How much is this sweater? ― It's six thousand yen.

❹ How much は値段をたずねるときにも使う。

How many ～ are there …?
「いくつの～がありますか」は How many ～ are there …? でたずねます。
(→p.106)
・How many people are there in the room?（その部屋には何人いますか。）

どのくらい〜？（長さ）

How long 〜?

信濃川はどのくらいの長さ**ですか。**

How long **is the Shinano River?**

文型22

「どのくらい」と長さをたずねるときは How long を使います。

<u>How long</u> is <u>the Shinano River?</u>
どのくらい長い　　　　　信濃川

ここがポイント!

① How long は，物の長さをたずねるときにも，時間の長さ（期間）をたずねるときにも使われます。

② 「どのくらい時間がかかるか」とたずねるときには，it を主語にし，「（時間）がかかる」を意味する take を使って，How long does it take 〜? という言い方をよくします。

❶ この橋はどのくらいの長さですか。 － 約200メートルです。

How long is this bridge?

－ It's about two hundred meters.

❶ 答えるときは，It's ～ meters long. のように最後に long をつけることもある。

❷ この映画はどのくらいの長さですか。 － 2時間です。

How long is this movie? － It's two hours.

❸ 夜はたいていどのくらい眠っていますか。 － 約8時間です。

How long do you usually sleep at night?

－ About eight hours.

❹ そこへ行くのにどのくらいかかりますか。 － 40分かかります。

How long does it take to get there?

－ It takes forty minutes.

❶ take のあとの to ～ は「～するのに［～するために］」という意味。(→p.142)

23 どのくらい～？（古さ・年齢など）

How old ～?

あなたのお母さんは何歳ですか。

How old is your mother?

文型 23

〈How＋形容詞 / 副詞〉で「どのくらい～」とたずねることができます。

形容詞

How old is your mother?
どのくらい年をとった　　　　あなたの　　お母さん

How high is Mt. Everest?
どのくらい高い　　　　エベレスト山

ここがポイント！

1 〈How＋形容詞 / 副詞〉の疑問文には右のようなものがあります。

2 How old は，ものについて「どのくらい古いか」とたずねるときにも使われます。

- How old ～? ▶ 年齢・古さ
- How high ～? ▶ 高さ
- How tall ～? ▶ 高さ・身長
- How far ～? ▶ 距離
- How often ～? ▶ 頻度

❶ あなたのお姉さんはいくつですか。－ 17歳です。

How old is your sister? ― She's seventeen.

❶ seventeen のあとに years old が省略されている。

❷ この建物はどのくらい古いのですか。－ 建てられてから約80年です。

How old is this building?
― It's about eighty years old.

❶ how old は，人だけでなくものの古さをたずねるときにも使う。

❸ あなたはどのくらいの頻度でテニスを練習しますか。

― 週に 5 日します。

How often do you practice tennis?
― Five days a week.

❶ how often で「どのくらいの頻度で」という意味。

❹ ここから東京までどのくらい遠いのですか。－ 電車で30分ほどです。

How far is it from here to Tokyo?
― It's thirty minutes by train.

❶ how far で「どのくらい遠い，どのくらいの距離」という意味。

❺ 健二の身長はどのくらいですか。－ 171センチです。

How tall is Kenji? ― He's 171 centimeters.

❶ how tall で「どのくらい背が高い」という意味。

❻ エベレスト山の高さはどのくらいですか。－ 8,848メートルです。

How high is Mt. Everest? ― It's 8,848 meters.

❶ how high で「どのくらい高い」という意味。Mt. は Mount（～山）を略した形。

24

だれの〜？

Whose 〜?

これはだれのかばんですか。

Whose bag is this?

文型24

「だれの〜」とたずねるときは〈Whose＋名詞〉で文を始めます。

Whose	**名詞** bag	is	this?
だれの	かばん		これ

ここがポイント

1 Whose の疑問文に答えるときには，右のような「〜のもの」を表す代名詞がよく使われます。

2 whose を who's（who is の短縮形）と混同しないように注意しましょう。

単 数	複 数
mine（私のもの）	ours（私たちのもの）
yours（あなたのもの）	yours（あなたたちのもの）
his（彼のもの）	theirs
hers（彼女のもの）	（彼ら / 彼女たちのもの）

❶ あれはだれのTシャツですか。 — 私のです。

Whose T-shirt is that? — It's mine.

❷ これらはだれの自転車ですか。 — 私たちのです。

Whose bikes are these? — They're ours.

❶ 複数のものについてたずねるときは，is の代わりに are を使う。

❸ これはだれの辞書ですか。 — 美雪のです。

Whose dictionary is this? — It's Miyuki's.

❶ 具体的な人物名で「〜のもの」と言うときは，〈名前's〉の形。

❹ これらはだれのくつですか。 — 私の父のものです。

Whose shoes are these? — They're my father's.

所有代名詞
mine（私のもの），yours（あなたのもの）のように 1 語で「〜のもの」を表す
代名詞を所有代名詞といいます。my（私の）のような代名詞の所有格とちが
い，あとに名詞がこないことに注意しましょう。

どれ～？

Which ～?

どちらがあなたの電話ですか。

Which is your phone?

文型 25

「どれ」「どの～」とたずねるときは Which で文を始めます。

Which		is	your	phone?
どれ			あなたの	電話

		名詞		
Which		picture	do you	like?
どの		絵		あなたは好きか

ここがポイント！

1 which は，what とちがって，限られたものの中から「どれ，どちら」と選択するときに使われます。

2 〈which＋名詞〉で「どの～，どちらの～」とたずねることもできます。

❶ どちらがあなたの自転車ですか。 － これです。

Which is your bike? — This one.

❶ 答えの文の one は代名詞。ここでは bike の代わりに使われている。

❷ あなたはどの絵が好きですか。 － あの絵が好きです。

Which picture do you like? — I like that one.

❶〈which＋名詞〉で「どの［どちらの］～」の意味。

❸ コーヒーとオレンジジュース，どちらがほしいですか。

－ オレンジジュースがほしいです。

Which do you want, coffee or orange juice?

— I want orange juice.

❶ A or B の形で「A か B か」という意味（→p.132）。

❹ どのバスが病院に行きますか。 － このバスが行きます。

Which bus goes to the hospital? — This one does.

❶ which bus が主語になっている疑問文。答えの does は goes の代わりとして使われている。

「どちらがより～か」
which と比較級を組み合わせて，「どちらがより～か」という意味を表します。（→p.170）
・Which do you like better, summer or winter?
（あなたは夏と冬ではどちらがより好きですか。）

26

🎧 026 小学〜中1
入試出題率 ★★
疑問詞の疑問文
（why）

なぜ〜？

Why 〜?

あなたはなぜそんなに怒っているのですか。

Why **are you so angry?**

文型 26

「なぜ〜」とたずねるときは Why で文を始めます。

Why	are	you	angry?
なぜ		あなたは怒っているのか	

Why	do	you	like	her?
なぜ		あなたは彼女が好きか		

ここがポイント

1 Why 〜? に答えるときは，**Because 〜.**（なぜなら〜だから）という形がよく使われます。

2 Why 〜? の疑問文に対して，「〜するために」という意味を表す〈to ＋動詞の原形〉を使って答えることもあります。（→p.142）

❶ あなたはなぜそんなに忙しいのですか。

　－ 宿題がたくさんあるからです。

Why are you so busy?
－ Because I have a lot of homework.

❶ Because 〜. で「なぜなら〜だから」という意味。

❷ あなたはなぜ大樹が好きなのですか。－ 彼はおもしろいからです。

Why do you like Daiki?
－ Because he's funny.

❶ funny は「おもしろおかしい」という意味。

❸ 私は今日は練習に行けません。－ それはどうして？

I can't go to the practice today. － Why is that?

❶ 相手の話を受けて，Why? または Why is that? の形で理由をたずねることがある。

❹ あなたはなぜ遅刻しているのですか。－ バスが遅れているからです。

Why are you late?
－ Because the bus is late.

❶ late は「遅れている」という意味。

Why don't you 〜?
Why don't you 〜? は，文字通りには「なぜあなたは〜しないのですか」という意味ですが，「〜したらどうですか」と相手に提案したり，誘ったりするときによく使われる表現です。(→p.98)

27

～しています。

I'm ～ing ….

私はテレビを見ています。

I'm watching **TV.**

文型 27

「～しています」は〈be 動詞＋動詞の ing 形〉で表します。

	be 動詞	動詞の ing 形	
I 私	am	watching ～を見ている	TV. テレビ
He 彼	is	playing ～をしている	basketball. バスケットボール

ここがポイント！

① 主語によって am, is, are を使い分けます。

② be 動詞のあとに **not** を入れると，「～していません」という否定文になります。

I	am		
He / She / It など3人称単数	is	watching playing など	….
You	are		
We / They など複数	are		

❶ 彼はバスケットボールをしています。

He's playing basketball.

❷ 私たちは台所で料理をしているところです。

We're cooking in the kitchen.

❸ 私はおばあちゃんに手紙を書いているところです。

I'm writing a letter to my grandma.

     ❶ write は最後の e をとって ing をつける。grandma は grandmother のくだけた言い方。

❹ 彼らはプールで泳いでいます。

They're swimming in the pool.

     ❶ swim は最後の m を重ねて ing をつける。

❺ 佐織は勉強をしているのではありません。

Saori is not studying.

     ❶ 否定文は be 動詞のあとに not を入れる。

---

ing のつけ方に注意する動詞
ほとんどの動詞は ing をつけるだけでいいのですが，write → writing のように e をとって ing をつけたり，swim → swimming のように最後の文字を重ねて ing をつけたりする動詞もあります。p.228 で確認しましょう。

～しているのですか。

Are you ～ing …?

あなたは眠っているのですか。

Are **you** sleeping?

文型 28

「～しているのですか」は be 動詞で文を始めます。

be動詞 　　　動詞の ing 形

Are you **sleeping**?

Is she **studying** English?

ここがポイント❗

❶ 主語によって be 動詞を使い分けます。

❷ Do や Does は使いません。一般動詞の現在の疑問文と混同しないようにしましょう。

Is	he / she / it など3人称単数	sleeping studying など	…?
	you		
Are	we / they など複数		

❶ あなたは夕食を作っているのですか。― はい，そうです。

Are you making dinner? ― Yes, I am.

❶ 答え方は，be 動詞の疑問文への答え方と同じ（→p.18）。

❷ 彼女は英語を勉強しているのですか。― いいえ，ちがいます。

Is she studying English? ― No, she isn't.

❸ 健二は部屋でテレビを見ているのですか。― はい，そうです。

Is Kenji watching TV in his room? ― Yes, he is.

❹ 子どもたちは公園で遊んでいるのですか。― はい，そうです。

Are the children playing in the park?
― Yes, they are.

❶ 主語が複数なので，be 動詞は are を使う。

❺ 外では雨が降っていますか。― はい，降っています。

Is it raining outside? ― Yes, it is.

❶ it は天気を言う文の主語になる。

進行形にしない動詞
have（持っている）や know（知っている）は進行形にしません。「私は〜を持っています。」は ˣI'm having 〜. ではなく I have 〜. で，「私は〜を知っています」は ˣI'm knowing 〜. ではなく I know 〜. で表します。（have は，「食べる」という意味のときは進行形にすることができます。）

29

🎧 029　中1
入試出題率 ★★★
what の疑問文
（現在進行形）

何を〜しているのですか。

What are you 〜ing …?

あなたは何をしているのですか。

What are **you** doing?

文型 29

「何をしているのですか」は What is / are … doing? でたずねます。

	be 動詞		**動詞の ing 形**
What 何	are	you	doing?

ここがポイント！

1 What are you doing? の doing は,「する」という意味の動詞 do の ing 形です。

2 doing の代わりに, ほかの一般動詞の ing 形を使うこともできます。

3 答えるときにはふつう, 現在進行形の文（→p.64）を使います。

❶ あなたは何をしているのですか。－ 手紙を書いています。

What are you doing? － I'm writing a letter.

❶ 現在進行形を使って答える。

❷ 健二は公園で何をしているのですか。－ 走っています。

What is Kenji doing in the park? － He's running.

❸ あなたは何を作っているのですか。－ みそ汁です。

What are you making? － I'm making miso soup.

❹ あなたは何を読んでいるのですか。－ マンガ本です。

What are you reading? － I'm reading a comic book.

❺ あの女の人は何を食べているのですか。－ 納豆です。

What is that woman eating? － She's eating *natto*.

30

〜しました。

I 過去形 ….

私は昨日，バスケットボールをしました。

I played basketball yesterday.

Yesterday...

文型30

「〜しました」は動詞の過去形で表します。

動詞の過去形

I played basketball.
私 〜をした バスケットボール

ここがポイント！

1 多くの動詞の過去形は原形に ed をつけます。go → went や have → had のように不規則に変化する動詞もあります。p.230 で確認しましょう。

2 現在形とちがい，主語によって動詞の形が変わることはありません。

I He / She / It など3人称単数 You We / They など複数	played など 過去形	….

❶ 私は昨夜，真紀に電話しました。

I called Maki last night.

❷ 健二は昨日，おじさんを訪ねました。

Kenji visited his uncle yesterday.

❶ 主語が 3 人称単数でも動詞の過去形の形は同じ。

❸ 彼は 3 年前，大阪に住んでいました。

He lived in Osaka three years ago.

❶ live の過去形は d だけをつける。

❹ 私はこの前の日曜日に，母と買い物に行きました。

I went shopping with my mother last Sunday.

❶ go の過去形は went。

❺ 美雪は家に帰って勉強しました。

Miyuki went home and studied.

❶ study の過去形は y を i に変えて ed をつける。

過去を表す語句

過去の文では，「いつのことなのか」を表す次の語句がよく使われます。

- yesterday（昨日）
- last ～（この前の～，昨～）：last night（昨夜），last week（先週），last Sunday（この前の日曜日）
- ～ ago（今から～前に）：an hour ago（1 時間前に），five days ago（5 日前に），two years ago（2 年前に）

31

～しませんでした。

I didn't 動詞 ….

昨夜，私はテレビを見ませんでした。

I didn't watch TV last night.

文型 31

「～しませんでした」は〈didn't＋動詞の原形〉で表します。

動詞の原形

I	**didn't**	watch	TV.
私	～しなかった	～を見る	テレビ

ここがポイント！

1 didn't[did not]のあとの動詞は，過去形ではなく原形を使います。

2 主語によって didn't や動詞の形が変わることはありません。

I			
He / She / It など3人称単数		watch など	
You	didn't	動詞の	….
We / They など複数		原形	

❶ 今朝，私は朝食を食べませんでした。

I didn't have breakfast this morning.

❷ 美雪は昨日，テニスの練習に来ませんでした。

Miyuki didn't come to tennis practice yesterday.

❶ 主語が 3 人称単数でも，didn't の形は変わらない。

❸ 私たちは彼女の名前を知りませんでした。

We didn't know her name.

❹ 私は昨夜，宿題をしませんでした。

I didn't do my homework last night.

❶ do my homework で「宿題をする」という意味。

❺ 大樹はそのとき何も言いませんでした。

Daiki didn't say anything then.

❶ anything は否定文で「何も」という意味。

32

入試出題率 ★★★
過去の疑問文
（一般動詞）

～しましたか。

Did you 動詞 …?

昨夜，テストの勉強をしましたか。

Did you study for the
exam last night?

文型 32

「～しましたか」は Did で文を始めます。

動詞の原形

Did	you	**study**	for	the exam?
		勉強する	～のために	試験

ここがポイント！

1 動詞は，過去形ではなく原形を使います。

2 主語によって did や動詞の形が変わることはありません。

Did	he / she / it など3人称単数	study など 動詞の 原形	…?
	you		
	we / they など複数		

74

❶ あなたは昨日，真紀に電話しましたか。 ― はい，しました。

Did you call Maki yesterday? ― Yes, I did.

❶「はい」と答えるときは〈Yes, ~ did.〉。

❷ あなたは昨日，テレビを見ましたか。 ― いいえ，見ませんでした。

Did you watch TV yesterday? ― No, I didn't.

❶「いいえ」と答えるときは〈No, ~ didn't.〉。

❸ 彼はサッカーの練習に来ましたか。 ― いいえ，来ませんでした。

Did he come to soccer practice? ― No, he didn't.

❹ あなたたちは試合に勝ちましたか。 ― はい，勝ちました。

Did you win the game? ― Yes, we did.

❺ あなたのコンピューターは動きましたか。

― いいえ，動きませんでした。

Did your computer work? ― No, it didn't.

❶ work は「働く，(機械などが)動く」という意味。

❻ あなたは昨夜，何時に寝ましたか。 ― 11時です。

What time did you go to bed last night?

― I went to bed at eleven.

❶「何時に」などとたずねるときは，疑問詞で文を始める。

33

🎧 033 小学～中1
入試出題率 ★★★
過去の文
（be 動詞）

～でした。

I was ～.

私はそのときとても疲れていました。

I was **very tired then.**

文型33

「（○○は）～でした」は be 動詞の過去形を使います。

be 動詞の過去形

I	**was**	very tired.
私		とても 疲れていて

They	**were**	busy.
彼ら		忙しい

ここがポイント！

① be 動詞の過去形は，主語によって was または were となります。

② 「～ではありませんでした」と言うときには，was / were のあとに not を入れます。

I		
He / She / It など3人称単数	was	
You		～.
We / They など複数	were	

76

❶ 私は昨日，忙しかったです。

I was busy yesterday.

❷ 私たちは先週ハワイにいました。

We were in Hawaii last week.

❗「（～に）いた」も be 動詞の過去形で表す。主語が複数なので were を使う。

❸ テストはとても難しかったです。

The exam was very difficult.

❹ 洋介は図書室にはいませんでした。

Yosuke wasn't in the library.

❗ wasn't は was not の短縮形。

❺ 私たちは，そのときはおなかがすいていませんでした。

We weren't hungry then.

❗ weren't は were not の短縮形。

34

〜でしたか。

Were you 〜?

あなたは昨夜，家にいましたか。

Were you at home
last night?

文型 34

「〜でしたか」は be 動詞の過去形で文を始めます。

be 動詞の過去形

Were	you あなた	at home? 家に
Was	he 彼	angry? 怒っていて

ここがポイント！

1 be 動詞の過去形は，主語によって was または were となります。

Was	he / she / it など3人称単数	
	you	〜?
Were	we / they など複数	

78

❶ あなたはこの前の週末は忙しかったのですか。

－ はい，忙しかったです。

Were you busy last weekend? － Yes, I was.

❗「はい」と答えるときは〈Yes, ～ was / were.〉。

❷ 彼はそのとき怒っていましたか。－ いいえ,怒っていませんでした。

Was he angry then? － No, he wasn't.

❗「いいえ」と答えるときは〈No, ～ wasn't / weren't.〉。

❸ その本はおもしろかったですか。－ いいえ,おもしろくなかったです。

Was the book interesting? － No, it wasn't.

❹ 彼女は今朝，教室にいましたか。－ はい，いました。

Was she in the classroom this morning?
－ Yes, she was.

❺ あなたのおばあさんは看護師でしたか。－ はい，そうでした。

Was your grandmother a nurse? － Yes, she was.

❻ あなたは今朝，どこにいたのですか。－ 家にいました。

Where were you this morning? － I was at home.

❗「どこに」などとたずねるときは，疑問詞で文を始める。

35

～していました。

I was ～ing ….

私はそのとき真紀と話していました。

I was talking with Maki then.

文型35

「～していました」は〈was / were＋動詞の ing 形〉で表します。

動詞の ing 形

I **was talking** with Maki.
私　　話していた　　　　～と　真紀

We **were watching** TV.
私たち　　～を見ていた　　テレビ

ここがポイント！

1 be 動詞の過去形を使う以外は，現在進行形の文（→p.64～69）と同じ文型です。否定文・疑問文のつくり方も同じです。

I He / She / It など3人称単数	was	talking watching など	….
You We / They など複数	were		

❶ 私はそのとき入浴中でした。

I was taking a bath then.

❶ take a bath で「入浴する」という意味。

❷ 私たちは部屋でテレビを見ていました。

We were watching TV in our room.

❶ 主語が複数なので，be 動詞の過去形は were。

❸ 今朝は雨は降っていませんでした。

It wasn't raining this morning.

❶ 否定文は be 動詞のあとに not を入れる。

❹ あなたはそのとき勉強をしていたのですか。 － いいえ,ちがいます。

Were you studying then? － No, I wasn't.

❶ 疑問文は be 動詞で文を始める。

❺ 彼女は本を読んでいましたか。 － はい，読んでいました。

Was she reading a book? － Yes, she was.

36

〜したい

want to ⌈動詞⌉

私はハワイに行きたいです。

I want to go to Hawaii.

文型36

〈want to＋動詞の原形〉で「〜したい」という意味を表します。

```
                    to＋動詞の原形
   I      want    │ to go │    to      Hawaii.
  私   〜をほっする └─────┘ 行くこと  〜へ      ハワイ
        〜することをほっする → 「〜したい」
```

ここがポイント！

1 want to のあとにくる動詞はつねに原形です。want が過去形などになっても，to のあとの動詞は原形です。

2 want（〜をほっする）のあとの〈to＋動詞の原形〉が「〜すること」を表すので，「〜することをほっする→〜したい」の意味になります（→p.84）。

3 want to be 〜 で「〜になりたい」という意味を表します。

❶ 私はたくさんの国を訪れたいです。

I want to visit many countries.

❷ 彼はいつかそのロック歌手に会いたいと思っています。

He wants to meet the rock singer someday.

❗ 主語が 3 人称単数でも to のあとの動詞は原形。

❸ 彼らは体育の授業でサッカーをしたがりました。

They wanted to play soccer in their P.E. class.

❗ 過去の文でも to のあとの動詞は原形。

❹ あなたは彼女に会いたいですか。

－ はい，会いたいです。

Do you want to see her? － Yes, I do.

❗ 疑問文はふつうの動詞の疑問文と同じで，〈Do / Does＋主語＋want to ～?〉の形。

❺ あなたは将来何になりたいですか。－ 教師になりたいです。

What do you want to be in the future?

－ I want to be a teacher.

❗ what を使った疑問文 What do you want to be? で「何になりたいですか」の意味。

37

入試出題率 ★★★★★
不定詞
（名詞的用法）

～すること

to 動詞

私は友だちと話すのが好きです。

I like to talk with my friends.

文型 37

〈to＋動詞の原形〉で「～すること」という意味を表します。

to＋動詞の原形

I   like   **to talk**   with my friends.
私　～を好む　　　話すこと　　　～と　私の　　友だち

～することを好む →「～するのが好きだ」

ここがポイント！

1 to のあとにくる動詞はつねに原形です。主語が3人称単数の文でも，過去の文でも，to のあとの動詞は原形です。

2 右のような〈動詞＋to ～〉の形がよく使われます。

- like to ～ （～するのが好きだ）
- begin / start to ～ （～し始める）
- try to ～ （～しようとする）
- need to ～ （～する必要がある）
- decide to ～ （～しようと決める）

❶ おばは海外旅行をするのが好きです。

My aunt likes to travel abroad.

❶ 主語が 3 人称単数でも to のあとの動詞は原形。

❷ 突然雨が降りだしました。

It suddenly started to rain.

❶ suddenly は「突然に」という意味。

❸ 私は去年このコンピューターを使い始めました。

I began to use this computer last year.

❹ 洋介は彼女に英語で話しかけようとしました。

Yosuke tried to speak to her in English.

❺ ときにはしんぼう強くなることが必要です。

Sometimes you need to be patient.

❶ patient は「しんぼう強い」という意味。

❻ 美雪はパーティーに行こうと決めました。

Miyuki decided to go to the party.

38

∩ 038 小学～中2
入試出題率 ★★★★★
動名詞

～すること

～ing

マンガ本を読むのは楽しいです。

Reading comic books is fun.

文型 38

動詞の ing 形で「～すること」という意味を表すことができます。

【主語】
Reading <u>comic books</u> is fun.
～を読むこと　　マンガ本　　　　　楽しいこと

【目的語】
I like **watching** TV at home.
～が好き　～を見ること　テレビ　　家で

ここがポイント！

❶ 動詞を ing 形にすることで，名詞と同じように使うことができます。この「～すること」という意味の ing 形を動名詞といいます。

❷ 動名詞は名詞と同じように，文の主語になったり，動詞や前置詞の目的語になったりします。

86

❶ 私は家でテレビを見るのが好きです。

I like watching TV at home.

❷ たばこを吸うのをやめてください。

Please stop smoking.

❶ smoking のもとの動詞 smoke は「たばこを吸う」という意味。

❸ 私たちは新しいテレビゲームをして楽しかったです。

We enjoyed playing the new video game.

❹ あなたにお会いできるのを楽しみに待っています。

I'm looking forward to seeing you.

❶ look forward to ～で「～を楽しみに待つ」という意味。

❺ 私を招待してくれてありがとう。

Thank you for inviting me.

❶ Thank you for ～. で「～をありがとう」という意味。

動名詞を目的語にするおもな動詞
次のような形がよく使われます。
　like ～ing（～するのが好きだ）　　　enjoy ～ing（～して楽しむ）
　stop ～ing（～するのをやめる）　　　finish ～ing（～し終える）
　begin / start ～ing（～し始める）

39

机の上にある本
the book on the desk

机の上にある**本**は私のです。

The book on the desk is
mine.

文型 39

〈前置詞＋語句〉が，名詞をうしろから修飾することがあります。

名詞	前置詞		
The book	on	the desk is	mine.
本 ↑	～の上の	机	私のもの

My uncle	in	Hokkaido is	a doctor.
私のおじ ↑	～の中の	北海道	医師

ここがポイント ！

 いろいろな種類の前置詞があるので確認しておきましょう。

- in（～の中に）
- on（～の上に，～に接触して）
- from（～から）
- at（～のところに）
- under（～の下に）
- with（～といっしょに，～を身につけて）
- of（～の）

❶ 北海道にいる私のおじは医師です。

My uncle in Hokkaido is a doctor.

❷ いすの下にあるかばんは私のです。

The bag under the chair is mine.

❶ mine は 1 語で「私のもの」という意味。

❸ この箱の中にある物は，私の父のものです。

The things in this box are my father's.

❶ my father's は，あとに名詞がないので「私の父のもの」という意味。

❹ これはカナダにいる友だちからのプレゼントです。

This is a present from a friend in Canada.

❺ これらは，スミスさんのアメリカにいるご家族の写真です。

These are pictures of Mr. Smith's family in the U.S.

❻ あの髪の長い女の子を知っていますか。

Do you know that girl with long hair?

40

🎧 040 小学〜中1
入試出題率 ★★★★
動詞の熟語
（自動詞＋前置詞）

〜を見る / 〜を聞く など

look at 〜 / listen to 〜

彼は突然，私を見ました。

He suddenly looked at me.

文型 40

〈動詞＋前置詞〉のまとまりで使われる熟語があります。

	動詞	**前置詞**	
He	looked	at	me.
彼	〜を見た		私を

I	was	listening	to	music.
私		〜を聞いていた		音楽

ここがポイント！

1 次のような〈動詞＋前置詞〉がよく使われます。

look at（〜を見る）　look for（〜を探す）　listen to（〜を聞く）
wait for（〜を待つ）　get to（〜に着く）　talk to（〜と話す）
talk about（〜について話す）　arrive at / in（〜に到着する）

2 「私を見る」は look at me，「音楽を聞く」は listen to music です。×look me, ×listen music のように前置詞を省略することはできません。

❶ 私はそのとき音楽を聞いていました。

I was listening to music then.

❷ 私はバスを待っています。

I'm waiting for the bus.

❸ 彼はめがねを探しています。

He's looking for his glasses.

❹ 私は正午に駅に着きました。

I got to the station at noon.

❶「ここに/そこに着く」get here / there，「家に着く」get home と言うときは to は不要。

❺ その飛行機は成田空港に到着しました。

The plane arrived at Narita Airport.

❶ get と同じく，arrive here / there / home と言うときは at は不要。

❻ あなたは何を探しているのですか。

What are you looking for?

❶ what の疑問文では，前置詞は疑問文の最後に残る形になる。

41

～に遅れる / ～とちがう など

be late for ～ / be different from ～

私は今朝，学校に遅刻しました。

I was late for **school**
this morning.

文型 41

〈be動詞＋形容詞＋前置詞〉のまとまりで使われる熟語があります。

	be動詞	**形容詞**	**前置詞**	
I 私	was	late ～に遅れた	for	school. 学校
His 彼の idea 考え	is	different ～とちがう	from	mine. 私のもの

ここがポイント

1 次のような〈be動詞＋形容詞＋前置詞〉がよく使われます。

- ・be late for（～に遅れる）　　　・be famous for（～で有名である）
- ・be good at（～が得意である）　・be afraid of（～をこわがる）
- ・be proud of（～を誇りに思う）・be different from（～とちがう）
- ・be interested in（～に興味がある）

❶ 彼の考えは私のものとはちがいます。

His idea is different from mine.

❶ この mine は my idea（私の考え）のこと。

❷ 佐織は数学が得意です。

Saori is good at math.

❸ 私は日本の歴史に興味があります。

I'm interested in Japanese history.

❹ 私は祖父を誇りに思っています。

I'm proud of my grandfather.

❺ 彼をこわがらないで。

Don't be afraid of him.

❻ 私たちの市は，美しいお寺で有名です。

Our city is famous for its beautiful temples.

❶ its は it の所有格。この its は「その市の」という意味。

42

〜してもいいですか。

Can I 動詞 …?

水をもらってもいいですか。

Can I have some water?

文型42

「〜してもいいですか」は〈Can I ＋動詞の原形 …?〉で表します。

動詞の原形

<u>Can I</u>　| have |　some　water?
〜してもいいですか　〜をもらう　いくらかの　水

ここがポイント！

❶ Can I 〜? は，よく使われるくだけた言い方で，親しい相手に対して「〜してもいい？」といった感じで使います。

❷ Can I 〜? の代わりに May I 〜? を使うと，「〜してもよろしいですか」といった感じの，よりていねいな言い方になります。

❶ このジュースを飲んでもいいですか。 ― いいですよ。

Can I drink this juice? ― OK.

❶ 答えるときは，Yes, you can. ではなく OK. / Sure. / All right. などと言うのがふつう。

❷ 大樹，隣に座ってもいいですか。 ― いいですよ。

Daiki, can I sit next to you? ― Sure.

❶ next to は「～の隣に」という意味。

❸ この電話を使ってもいいですか。 ― もちろん，どうぞ。

Can I use this phone? ― Of course, go ahead.

❶ go ahead は「どうぞ」と相手をうながす言い方。

❹ パスポートを見てもよろしいですか。 ― いいですよ，はいどうぞ。

May I see your passport? ― Sure, here you are.

❶ here you are は物を手渡すときの決まった言い方。

❺ あなたのメールアドレスをいただいてもよろしいですか。

― いいですよ。

May I have your e-mail address? ― Sure.

❶ May I have ～? で「～をもらえますか」という意味。

❻ 伝言をお預かりしましょうか。 ― はい，お願いします。

May I take a message? ― Yes, please.

❶ May I ～? は「～しましょうか」と申し出るときにも使われることがある。

43

〜してくれますか。

Can you 動詞 …?

宿題を手伝ってくれますか。

Can you help me with my homework?

文型 43

「**〜してくれますか**」は 〈**Can you＋動詞の原形 …?**〉**で表します。**

動詞の原形

Can you | **help** | me?
〜してくれますか | 〜を手伝う | 私を

ここがポイント

1 Can you 〜? は，よく使われるくだけた言い方で，親しい相手に対して「〜してくれる？」といった感じで使います。

2 Will you 〜? も，Can you 〜? と同じく依頼の文として使われます。

3 よりていねいな言い方には Could you 〜? や Would you 〜? があり，目上の人などに対して使います。

❶ (私のために) このかばんを運んでもらえますか。 － いいですよ。

Can you carry this bag for me? — Sure.

　　　　　❶ 答えるときは，Yes, I can. ではなく OK. / Sure. / All right. などと言うのがふつう。

❷ 窓を閉めてもらえますか，健二。 － いいですよ。

Can you close the window, Kenji? — All right.

❸ 職員室にいっしょに来てくれますか。 － いいですよ。

Will you come to the teachers' room with me?
— OK.

❹ もう一度おっしゃっていただけませんか。 － いいですよ。

Would you say that again, please? — Sure.

❺ それらのちがいを説明していただけませんか。

　 － いいですよ。

Could you explain the difference between them?
— All right.

　　　　　❶ difference between（A and B）で「(A と B)のちがい」という意味。

～したらどうですか。

Why don't you 動詞 …?

私たちといっしょに来たらどうですか。

Why don't you come with us?

文型44

**「～したらどうですか」と相手に提案するときには，
Why don't you ～? という表現が使われます。**

動詞の原形

Why don't you	come	with	us?
～したらどうですか	来る	～といっしょに	私たち

ここがポイント！

① 文字通りには「なぜあなたは～しないのですか」という疑問文ですが，ふつうは「～したらどうですか」と提案したり，誘ったりするときに使われます。

② Why don't we ～? で「（私たちが）～するのはどうですか[しませんか]」と言うこともあります。

❶ 新しい自転車を買ったらどうですか。 ─ そうしようかな。

Why don't you buy a new bike? ─ Maybe I will.

❷ 私たちといっしょにランチを食べませんか。 ─ そうします。

Why don't you join us for lunch?
─ Sure.

❶ join は「～に加わる」という意味。

❸ 買い物に行きませんか。 ─ すみません，今日は忙しいです。

Why don't we go shopping?
─ Sorry, I'm busy today.

❹ 放課後にテニスをしませんか。 ─ いいですね。

Why don't we play tennis after school?
─ Sounds great.

❶ Sounds great.[That sounds great.] は，「それはいいですね」と応じる言い方。(→p.108)

45

〜したいのですが。

I'd like to 動詞 ….

お手洗いに行きたいのですが。

I'd like to go to the bathroom.

文型 45

「〜したいのですが」とていねいに伝えるときは，
〈I'd like to＋動詞の原形 ….〉で表します。

動詞の原形

I'd like to [go] to the bathroom.
〜したいのですが　　行く　　　　　　　　　手洗い，浴室

ここがポイント！

1 I'd like to 〜. は I want to 〜.（→p.82）のていねいな言い方です。
I'd は I would の短縮形で，ふつうは短縮形が使われます。

2 to なしで I'd like 〜. とすると，「〜がほしいのですが」という言い方になります。

3 like の代わりに love を使った I'd love to 〜. という言い方もあり，「〜したい」という気持ちをより強く表します。

❶ あなたにいくつか質問をしたいのですが。

I'd like to ask you some questions.

❶ ask には「〜に…をたずねる」という意味がある。

❷ 私の友だちをあなたに紹介したいのですが。

I'd like to introduce my friends to you.

❶ introduce 〜 to …で「〜を…に紹介する」という意味。

❸ お水をいくらかいただきたいのですが。

I'd like some water, please.

❶ I'd like 〜. は I want 〜.（〜がほしい）のていねいな言い方。

❹ 私といっしょに来たいですか。 ― ぜひそうしたいです。

Do you want to come with me? ― I'd love to.

❶ I'd love to. は「ぜひしたい」という意味で，誘いや提案に答えるときによく使われる。

46

～したいですか。

Would you like to 動詞 …?

私といっしょに来ませんか。

Would you like to come with me?

文型 46

「～したいですか」「～しませんか」とていねいにたずねるときは，
〈Would you like to ＋動詞の原形 …?〉で表します。

<u>Would you like to</u> | come | with me?
～したいですか／～しませんか　　　　来る

動詞の原形

ここがポイント！

1 Would you like to ～? は Do you want to ～?(→p.82)のていねいな言い方です。誘ったり，すすめたりするときにも使います。

2 to なしで Would you like ～? とすると，「～がほしいですか」「～はいかがですか」とたずねる言い方になります。

❶ 映画に行きませんか。－ はい，ぜひ行きたいです。

Would you like to go to a movie?
― Yes, I'd love to.

❷ 〔電話で〕伝言を残しますか。－ いいえ，結構です。

Would you like to leave a message?
― No, thank you.

❸ お茶を 1 杯いかがですか。－ はい，お願いします。

Would you like a cup of tea? ― Yes, please.

❹ もっといかがですか。

― いいえ，結構です。おなかがいっぱいです。

Would you like some more?
― No, thanks. I'm full.

❶ この more は「さらに」といった意味。

❺ 何を飲みたいですか。－ コーヒーを飲みたいです。

What would you like to drink?
― I'd like to have some coffee, please.

～があります。

There is ～.

公園に大きな桜の木があります。

There's **a big cherry tree in the park.**

文型 47

「(ある場所に)～があります[います]」は There is ～. で表します。

be動詞	主語	場所を表す語句
There is	a cherry tree	in the park .
～がある	桜の木	公園に

ここがポイント！

1 主語が複数の場合は There are ～. で表します。

2 過去のことを言うときは There was / were ～. で表します。

3 否定文は be動詞のあとに not を入れます。

❶ 校門のそばに犬がいます。

There's a dog near the school gate.

❶ there is は there's と短縮できる。

❷ テーブルの上にいくつかのりんごがあります。

There are some apples on the table.

❸ 今朝，地震がありました。

There was an earthquake this morning.

❶ 過去の文では，be 動詞を was / were にする。

❹ その店の中にはたくさんの人がいました。

There were a lot of people in the store.

❺ 私たちの町には映画館がありません。

There isn't a movie theater in our town.

❶ 否定文は be 動詞のあとに not。

場所を表す言葉
場所を表す言葉には，in(〜の中に)，on(〜の上に)，near(〜の近くに)，under(〜の下に)，by(〜のそばに)，in front of(〜の前に)，here(ここに)，there(あそこに) などがある。

～がありますか。

Is there ～?

この近くに書店はありますか。

Is there a bookstore near here?

「(ある場所に)～がありますか[いますか]」は Is there ～? で表します。

be動詞	**主語**	**場所を表す語句**
Is　there	a　bookstore	near　here ?
～がありますか	書店	この近くに

ここがポイント❗

① 主語が複数の場合は Are there ～? となります。

② 過去のことをたずねるときは Was / Were there ～? で表します。

❶ この近くに駅はありますか。 − はい，あります。

Is there a station near here? — Yes, there is.

❶「はい」の答えは，Yes, there is[are / was / were].となる。

❷ 公園には多くの人がいましたか。 − いいえ，いませんでした。

Were there many people in the park?

— No, there weren't.

❶「いいえ」の答えは，No, there is[are / was / were] not.となる。

❸ この図書館には英語の本はありますか。 − はい，あります。

Are there any English books in this library?

— Yes, there are.

❶ 疑問文での any は「いくつかの」「いくらかの」「何か1つでも」の意味。

❹ あなたの学校には何人の先生がいますか。 − 約30人です。

How many teachers are there in your school?

— There are about thirty.

❶ How many 〜 are there …? でいくつあるか[いるか]をたずねることができる。

「〜があります[います]」の言い方

There is / are のあとでは，「〜の」を表す my, your, his や，the がつく語句は使えません。

・「机の上に私の本があります。」

(×) There is my book on the desk.

(○) My book is on the desk.

49

～に見える / 聞こえる など

look ～ / sound ～

彼女は眠そうに見えます。

She looks sleepy.

文型49

〈look＋形容詞〉で「～に見える」という意味を表します。

〈主語＝形容詞〉の関係が成り立ちます。

		形容詞
She 彼女	looks ～に見える	sleepy . 眠い

イコールの関係

ここがポイント

1 名詞を使って「～のように見える」と言うときは〈look like＋名詞〉の形で表します。（この like は「～のような」という意味の前置詞。）

2 〈主語＝形容詞〉の関係が成り立つ文をつくる動詞には，ほかに右のようなものがあります。

- ・sound （～に聞こえる）
- ・feel 　（～に感じる）
- ・taste 　（～な味がする）
- ・smell 　（～なにおいがする）

❶ 美雪はうれしそうに見えます。

Miyuki looks happy.

❷ あの雲はくじらのように見えます。

That cloud looks like a whale.

❶ look like ～ で「～のように見える」という意味。

❸ あなたのアイデアはおもしろそうですね（おもしろそうに聞こえます）。

Your idea sounds interesting.

❹ 私は少し疲れを感じています。

I feel a little tired.

❺ それは苦い味がしました。

It tasted bitter.

❶ bitter は「苦い」という意味。

❻ 私はどのように見えますか。 ― とてもすてきですよ，真紀。

How do I look? ― You look great, Maki.

❶ How do I look? で服装が似合うかなどをたずねる文になる。

～になる

become ～ / get ～

彼女は医者になりました。

She became a doctor.

文型50

〈become＋名詞 / 形容詞〉で「～になる」という意味を表します。

〈主語＝名詞 / 形容詞〉の関係が成り立ちます。

		a＋名詞
She	became	a doctor .
彼女	～になった	医者

イコールの関係

ここがポイント！

1 become のあとには名詞だけでなく，形容詞もくることがあります。

2 get も「～になる」を意味し，あとには形容詞を続けます。天候や体調，感情などを言うときによく使われます。

❶ 彼はとても有名になりました。

He became very famous.

❷ 私たちは友達になりました。

We became friends.

❸ 外は暗くなってきています。

It's getting dark outside.

❶ it を主語にして明暗などを言うことがある。outside は「外で」という意味。

❹ 彼女はとても怒りました。

She got very angry.

❺ 彼は科学に興味を持つようになりました。

He became interested in science.

---

turn, keep など

〈turn＋形容詞〉で「～に変わる」,〈keep＋形容詞〉で「～のままでいる」
という意味を表します。

・The leaves turned red. (木々の葉は赤くなりました。)
・Keep quiet, boys. (静かにしていなさい, 子どもたち。)

なんて〜！

How 〜!

なんて**きれいな**のでしょう！

How **beautiful**!

文型 51

「なんて〜なのでしょう！」という感動や驚きは

〈How＋形容詞/副詞!〉で表します。

	形容詞	主語＋動詞
How なんて	beautiful 美しい	(it is) ! (それは)
How なんて	kind 親切な	(he is) ! (彼は)

ここがポイント！

① 文の最後にはエクスクラメーションマーク（！）をつけます。

② 文の後半の〈主語＋動詞〉はよく省略されます。

❶ なんて素敵なのでしょう！

How nice!

❶ How nice! は「なんて親切なの[うれしい]！」という意味でも使う。

❷ なんておもしろい[興味深い]のでしょう！

How interesting!

❸ なんておいしいのでしょう！

How delicious!

❹ なんてわくわくするのでしょう！

How exciting!

❶ exciting は「（物事が人を）わくわくさせる」という意味。

❺ 彼はなんて背が高いのでしょう！

How tall he is!

❶ 形容詞 / 副詞のあとに〈主語＋動詞〉を続けることもある。

❻ なんて速く時は過ぎるのでしょう！

How quickly time flies!

❶ quickly は「速く，すばやく」という意味の副詞。fly は「飛ぶ，飛んでいく」という意味。

52

🔊 052　中1
入試出題率 ★
感嘆文
（what）

なんて〜な…！

What 〜 …!

なんて**大きな犬**なのでしょう!

What **a big dog**!

文型52

「なんて〜な…でしょう!」は
〈What＋（a / an）＋形容詞＋名詞!〉**で表します。**

		形容詞		名詞		主語＋動詞
What	a	big		dog		(it is) !
なんて		大きい		犬		（それは）
What	a	beautiful		picture		(this is) !
なんて		美しい		写真		（これは）

ここがポイント！

1 名詞があるときには，how（→p.112）ではなくwhatを使います。

2 数えられる名詞のときは，単数であれば〈形容詞＋名詞〉の前にa
かanをつけます。

3 文の最後にはエクスクラメーションマーク（！）をつけます。文の
後半の〈主語＋動詞〉はよく省略されます。

114

❶ なんて良いアイディアなのでしょう！

What a good idea!

❷ なんておもしろい[興味深い]ストーリーなのでしょう！

What an interesting story!

❶ interesting が母音で始まるので a ではなく an を使う。

❸ なんておいしいサンドイッチなのでしょう！

What a delicious sandwich!

❹ なんてわくわくする試合なのでしょう！

What an exciting game!

❺ 彼はなんて背が高い男の子なのでしょう！

What a tall boy he is!

❶ 〈形容詞＋名詞〉あとに〈主語＋動詞〉を続けることもある。

❻ これはなんて素敵なプレゼントなのでしょう！

What a nice present this is!

53

🎧 053　**中2**

入試出題率 ★★★★
未来の文
（be going to）

～するつもりです。

I'm going to 動詞 ….

私は来週，沖縄を訪れるつもりです。

I'm going to visit
Okinawa next week.

文型 53

〈be 動詞＋going to＋動詞の原形〉で，
「～するつもりです」と未来のことを言うことができます。

be 動詞　　　　　　　　**動詞の原形**

I　**am going to**　| **visit** | Okinawa next week.
私　～するつもりである　～を訪れる　沖縄　　　　　来週

ここがポイント！

1 be 動詞は主語によって使い分けます。

2 to のあとの動詞はいつも原形です。

3 否定文は be 動詞のあとに not を入れます。

I	am		
He / She / It など3人称単数	is	going to	visit など動詞の原形 ….
You	are		
We / They など複数	are		

116

❶ 私は明日，真紀と買い物に行くつもりです。

I'm going to go shopping with Maki tomorrow.

❶ go shopping で「買い物に行く」という意味。

❷ 彼女は今度の日曜日に健二に会うつもりです。

She's going to meet Kenji next Sunday.

❸ 私たちは土曜日にボランティア活動をする予定です。

We're going to do volunteer work on Saturday.

❹ 洋介は新しいコンピューターを買うつもりはありません。

Yosuke isn't going to buy a new computer.

❺ 雨が降りそうです。

It's going to rain.

❶ 今の状況から予想して「〜しそうだ」と言うときにも be going to が使われる。

未来を表す現在進行形

現在進行形〈be 動詞＋〜ing〉で未来のことを表す場合もあります。具体的に決まっている確実な予定や計画について，「〜することになっている」と言うときに使われます。

・I'm meeting Maki tomorrow.（私は明日，真紀に会うことになっています。）

54

🎧 054 　中2

入試出題率 ★★★★★
未来の疑問文
（be going to）

〜するつもりですか。

Are you going to 動詞 …?

あなたは明日，つりに行くつもりですか。

Are **you** going to **go**
fishing tomorrow?

> 「**〜するつもりですか**」は be 動詞で文を始めます。
>
> be動詞 　主語 　　　　　　　　動詞の原形
> **Are** you **going to** 　go 　fishing tomorrow?
> 　　　　　　　　　　　　 つりに行く　　　　　 明日

ここがポイント⚡

1 be 動詞は主語によって使い分けます。

2 to のあとの動詞はいつも原形です。

Is	he / she / it など3人称単数	going to	go など 動詞の 原形	…?
Are	you			
	we / they など複数			

❶ あなたは来年，富士山に登るつもりですか。― はい，そうです。

Are you going to climb Mt. Fuji next year?
― Yes, I am.

❶「はい」と答えるときは〈Yes, 主語＋be 動詞.〉。

❷ 彼は夏に奈良を訪れるつもりですか。― いいえ，ちがいます。

Is he going to visit Nara in summer?
― No, he isn't.

❶「いいえ」と答えるときは〈No, 主語＋be 動詞＋not.〉。

❸ あなたは明日，何をするつもりですか。― 映画を見るつもりです。

What are you going to do tomorrow?
― I'm going to see a movie.

❶「何を」などとたずねるときは，what などの疑問詞で文を始める。

❹ あなたはどのくらい滞在する予定ですか。― 2週間です。

How long are you going to stay?
― For two weeks.

❶ I'm going to stay for two weeks. を省略した答え方。

～します。／～でしょう。

I will 　動詞 　….

私があなたを手伝います。

I'll help you.

文型 55

〈will＋動詞の原形〉で,「～します」「～でしょう」と
未来のことを言うことができます。

動詞の原形

I　　will　　| help |　　you.

私　（未来に）～する　～を手伝う　あなた

ここがポイント /

1 今その場で決めたこと
や, 予想を言うときによ
く使われる言い方です。

2 will のあとの動詞はいつ
も原形です。

3 否定文は will のあとに
not を入れます。

I He / She / It など3人称単数 You We / They など複数	will	help など 動詞の 原形	….

❶ 私はレポートを今夜仕上げます。

I'll finish the report tonight.

❶ will の短縮形は，'ll を使って，I will → I'll となる。

❷ 彼は7時までにはもどるでしょう。

He'll be back by seven.

❶ will のあとの動詞は必ず原形で，be 動詞の原形は be。by ～ は「～までに」という意味も表す。

❸ あなたたちはすぐに真実を知るでしょう。

You'll know the truth soon.

❶ truth は「真実，事実」という意味。

❹ 美雪と大樹はカラオケには行かないでしょう。

Miyuki and Daiki won't go to karaoke.

❶ 否定文は〈will not＋動詞の原形〉。won't は will not の短縮形。

❺ 明日は晴れないでしょう。

It won't be sunny tomorrow.

56

～しますか。/ ～でしょうか。

Will you 動詞 …?

あなたは明日，家にいますか。

Will you be home tomorrow?

文型 56

「～しますか」「～でしょうか」と未来のことを
たずねるときは，Will で文を始めます。

　　　　　　　　　　主語　　**動詞の原形**

Will　you　｜be｜　home　tomorrow?
　　　　　　　　　いる　　　家に　　　　明日

ここがポイント！

1 動詞はいつも原形を使います。

2 what や how などの疑問詞がある場合は，疑問詞で文を始めます。

Will	he / she / it など3人称単数	be など 動詞の 原形	…?
	you		
	we / they など複数		

❶ あなたはすぐにもどってきますか。― はい，すぐにもどります。

Will you be back soon? ― Yes, I will.

❶「はい」と答えるときは〈Yes, ～ will.〉。

❷ 彼は試合に出るでしょうか。― いいえ，出ません。

Will he play in the game? ― No, he won't.

❶「いいえ」と答えるときは〈No, ～ won't.〉。won't は will not の短縮形。

❸ あなたの妹は，日曜日に家にいますか。 ― いいえ，いません。

Will your sister be home on Sunday?
― No, she won't.

❹ 明日の天気はどうなるでしょうか。― 晴れるでしょう。

How will the weather be tomorrow?
― It'll be sunny.

依頼の Will you ～?

Will you ～? は，「～してくれますか」のように相手に何かを依頼するときにも使われます。（→p.96）

・Will you help me?（私を手伝ってくれますか。）

57

彼に〜をあげる

give him 〜

私は彼にプレゼントをあげました。

I gave him a present.

文型 57

〈give＋人（…に）＋物（〜を）〉で
「…に〜をあげる」という意味を表します。

| I
私 | gave
あげた | him
彼に |  a present
プレゼント . |

ここがポイント /

1 2つの目的語の順序は「人（…に）」→「物（〜を）」です。

2 〈send＋人（…に）＋物（〜を）〉は,「…に〜を送る」という意味になります。

❶ 私にアドバイスをください。

Please give me some advice.

❶ advice は数えられない名詞なので複数形にしない。

❷ あなたにこの辞書をあげます。

I'll give you this dictionary.

❸ 私は昨夜，彼女に E メールを送りました。

I sent her an e-mail last night.

❹ あなたに写真を何枚か送ります。

I'll send you some pictures.

「…に～をあげる」の 2 つの言い方

「…に～をあげる」は，次の 2 つの言い方で表すことができます。

「私は彼女にプレゼントをあげました。」

・I gave her a present.〈give＋人＋物〉

・I gave a present to her.〈give＋物＋to＋人〉

give, send のほか tell, teach, show（→p.126）もこの 2 つの文型をつくります。

58

私に～を教える

tell me ～

私にあなたのメールアドレスを教えてください。

Please tell me your e-mail address.

文型58

〈tell＋人(…に)＋物(～を)〉で

「…に～を教える[伝える]」という意味を表します。

Please **tell** | me | your e-mail address .
教える　　　私に　　　　あなたのメールアドレス
＜…に＞　＜～を＞

ここがポイント

① 2つの目的語の順序は「人(…に)」→「物(～を)」です。(p.124 の give や send と同じ文型です。)

② 〈show＋人(…に)＋物(～を)〉は,「…に～を見せる」という意味を表します。

③ 〈teach＋人(…に)＋物(～を)〉は,「…に～を教える」という意味で, 勉強などを教えるときに使います。

❶ 彼は私に本当のことを話しました。

He told me the truth.

❶ truth は「真実，事実」という意味。

❷ 駅までの道順を教えていただけませんか。

Could you tell me the way to the station?

❶ the way to ～ で「～への道」という意味。

❸ 私は彼女に私の新しい自転車を見せました。

I showed her my new bike.

❹ あなたのノートを私に見せてください。

Please show me your notebook.

❺ 斉藤先生は私たちに理科を教えています。

Ms. Saito teaches us science.

「教える」の使い分け

・teach … （勉強や技術などを）指導する
・tell … （相手に何かを）伝える，話す
・show … （実際に）見せて示す

59

彼を〜と呼ぶ

call him 〜

私たちは彼をなべちゃんと呼びます。

We call him Nabe-chan.

Nabe
-chan

文型 59

〈call A B〉で「A を B と呼ぶ」という意味を表します。
〈A＝B〉の関係が成り立ちます。

| We
私たち | call
呼ぶ | A …を
him
彼を | B 〜と
Nabe-chan
なべちゃん |

イコールの関係

ここがポイント！

1 B にくるのはふつう名詞です。

2 〈name A B〉は，「A を B と名づける」の意味を表します。B には名詞がきます。

❶ 私をケンと呼んでください。

Please call me Ken.

❷ 私はそのねこをナナと名づけました。

I named the cat Nana.

❸ 日本語ではあの鳥を何と呼びますか。 — つばめと呼びます。

What do you call that bird in Japanese?

— We call it *tsubame.*

❶「何と呼びますか」とたずねるときは what で文を始める。

❹ あなたたちはチームを何と名づけたのですか。

— ラビッツと名づけました。

What did you name your team?

— We named it the Rabbits.

60

🎧 060 **中1・中2**
入試出題率 ★★
動詞の熟語
（他動詞＋副詞）

～を脱ぐ など

take off ～

私はくつを脱ぎました。

I took off my shoes.

文型 60

take off は，この2語で「～を脱ぐ」という意味を表します。

I	**took off**	my	shoes.
私	～を脱いだ	私の	くつ

ここがポイント！

1 take off は〈動詞＋副詞〉の形で，この形の例には右のようなものがあります。

2 take off my shoes のほか，**take my shoes off** という語順でも同じ意味を表します。

- ・put on　　（～を身につける）
- ・turn on　　（～〈のスイッチ〉を入れる）
- ・turn off　　（～〈のスイッチ〉を切る）
- ・turn down　（～〈の音量〉を下げる）
- ・call back　　（～に電話をかけ直す）

❶ 彼はジャケットを着ました。

He put on his jacket.

❶ put の過去形は put で，原形と同じ形。

❷ 明かりをつけてくれますか。— いいですよ。

Can you turn on the lights? — Sure.

❸ テレビの音量を下げてください。

Turn down the TV, please.

❹ あとであなたに電話をかけ直します。

I'll call you back later.

❶ 目的語が代名詞のときは，必ず〈動詞＋代名詞＋副詞〉の語順。

❺ 駅に車であなたを迎えに行きますよ。

I'll pick you up at the station.

❶ pick up は「〜を拾い上げる，車で迎えに行く」という意味。

目的語の位置

目的語が me，you，him，it などの代名詞のときは，いつも〈動詞＋代名詞＋副詞〉の語順になります。

（○）I'll call you back.（あなたに電話をかけ直します。）

（×）I'll call back you.

61

そして / だから など
and / but / or / so

私は一生けんめい練習して，試合に勝ちました。

I practiced hard and
won the game.

文型61

and や but などを使って，単語と単語や，
単語のまとまりどうしをつなぐことができます。

I practiced hard **and** won the game.
私は　　一生けんめい練習した　　そして　　　試合に勝った

I called Saori, **but** she wasn't at home.
私は佐織に電話した　　　しかし　　　　彼女は家にいなかった

ここがポイント！

1 and は「…と～」「そして」，but は「しかし」という意味の接続詞です。

2 A or B で「A か B」「A または B」という意味を表します。

3 so は「それで」「だから」という意味を表します。

❶ 彼女は起きて，顔を洗いました。

She got up and washed her face.

❷ 私は佐織に電話しましたが，彼女は家にいませんでした。

I called Saori, but she wasn't at home.

❸ あなたは紅茶が好きですか，それともコーヒーが好きですか。

Do you like tea or coffee?

　　　　❶ このように「Aか，それともBか」と選ばせるときは，A(↗) or B (↘)？ のように読む。

❹ 私はとても疲れていたので，8時に寝ました。

I was very tired, so I went to bed at eight.

〈命令文, and / or ….〉
〈命令文, and ….〉で「～しなさい，そうすれば…」の意味を，〈命令文, or
….〉で「～しなさい，そうしないと…」の意味を表します。
・Take this map with you, and you won't get lost.
　（この地図を持っていきなさい，そうすれば道に迷わないでしょう。）
・Hurry up, or you'll miss the train.
　（急ぎなさい，そうしないと電車に乗り遅れますよ。）

62

🎧 062　中2
入試出題率 ★★★★★
接続詞 that
（動詞＋that 〜）

～と思う / ～と言う など
think that ～ / say that ～

私は彼はいい役者だと思います。

I think that he's a good actor.

文型 62

「～と思う / 言う」と言うときは，think や say のあとに
that ～（～ということ）を続けます。

I	**think**	**that**	he's a good actor.
	～を思う	～ということ	彼はいい役者だ

She	**says**	**that**	it's very interesting.
	～を言う	～ということ	それはとてもおもしろい

ここがポイント！

1 この that は接続詞で，よく省略されます。省略しても意味は変わりません。

2 that ～ をあとに続ける動詞には，think と say のほかに右のようなものがあります。

- know （～と知っている）
- hear （～と聞いている[耳にしている]）
- hope （～と願う）
- believe （～と信じる）

❶ 私はあなたが正しいと思います。

I think you're right.

❶ 接続詞の that はよく省略される。

❷ 彼女はこの本はとてもおもしろいと言っています。

She says that this book is very interesting.

❸ あなたが忙しいことはわかっていますが，助けてください。

I know you are busy, but please help me.

❹ すしはアメリカで人気になってきていると聞いています。

I hear sushi is becoming popular in the U.S.

❶ I hear（that）〜. で「〜と聞いている［耳にしている］」という意味。

❺ それはいい考えではないと思います。

I don't think it's a good idea.

❶「〜ではないと思う」は，ふつう think を否定して don't / doesn't think 〜 と言う。

❻ 彼女は私に，疲れていると言いました。

She told me that she was tired.

❶〈tell＋人＋that 〜〉で「（人）に〜と言う［伝える］」という意味。

時制の一致

that の前の動詞が過去形のときは，that のあとの動詞もふつう過去形にします。

・He said that he was busy.（彼は忙しいと言いました。）

残念ながら～。など

I'm afraid that ～.

残念ながら**あなたを手伝うことはできません。**

I'm afraid I can't help you.

文型63

〈be 動詞＋afraid〉 などに that ～ を続けて，
「～ということ」に対する気持ちを表すことができます。

I'm afraid	that	I can't help you.
残念ながら		私があなたを手伝えないということ

ここがポイント！

1 この that は接続詞で，よく省略されます。省略しても意味は変わりません。

2 that ～ をあとに続けて気持ちなどを表す言い方には，右のようなものがあります。

- be afraid （残念ながら～，～を心配する）
- be sure 　（きっと～だと思う）
- be sorry 　（～をすまなく思う，残念に思う）
- be happy / glad
　　　　　（～ということがうれしい）

❶ 残念ながら私はもう行かなくてはなりません。

I'm afraid I have to go now.

❷ あなたたちはきっと試験に合格すると思います。

I'm sure you'll pass the exam.

❸ 遅れてごめんなさい。

I'm sorry I'm late.

❹ あなたがここにいてくれてうれしいです。

I'm happy you're here.

❺ 大樹が私の贈り物を気に入ってくれてうれしかったです。

I was glad Daiki liked my gift.

64

〜のとき など

when 〜

あなたが電話をくれたとき，私は眠っていました。

I was sleeping when
you called me.

文型64

「**〜のとき**」は when 〜 で表します。

I was sleeping ｜ **when** ｜ you called me.
　　　　　　　　〜のとき　　あなたが私に電話した

ここがポイント

1 when 〜 は，文の前半にも後半にもおくことができます。前半にお
くときは，when 〜 の最後にコンマ(,)をつけます。

2 時を表す接続詞には，
when 以外に右のよう
なものがあります。

・ before　（〜する前に）
・ after　　（〜したあとで）
・ while　　（〜する間に）

❶ 私が起きたとき，雪が降っていました。

It was snowing when I got up.

❷ 私は子どものとき，パイロットになりたいと思っていました。

When I was a child, I wanted to be a pilot.

❶ when ～ が文の前半にくるときはコンマを入れる。

❸ ゲームをする前に宿題をすませなさい。

Finish your homework before you play the game.

❹ 私たちは父が戻ってきてから夕食を食べました。

We had dinner after my father came back.

❺ 母がカレーを作っている間に，私はサラダを作りました。

I made salad while my mother was cooking
curry.

as soon as ～

as soon as ～ は「～するとすぐに」という意味を表します。

・As soon as we got home, it began to rain.
（私たちが家に着くとすぐに雨が降り始めました。）

65

∩ 065 中2

入試出題率 ★★★★
接続詞 if
接続詞 because

もし～ならば / ～なので

if ～ / because ～

もし**明日雨**なら，私はそこに行きません。

I won't go there if it rains tomorrow.

文型 65

「もし～ならば」は if ～ で，「～なので」は because ～ で表します。

I won't go there | **if** | it rains tomorrow.
　　　　　　　　　もし～ならば　　明日雨が降る

I didn't go to school | **because** | I had a cold.
　　　　　　　　　　　（なぜなら）～なので　私はかぜをひいていた

ここがポイント *!*

1 if ～ は，文の前半にも後半にもおくことができます。前半におくときは，if ～ の最後にコンマ(,)をつけます。

2 because ～ はふつう文の後半にきます。

❶ もし宇宙飛行士になりたいのなら，一生けんめい勉強しなくて
はなりません。

You have to study hard if you want to be an
astronaut.

❶ astronaut は「宇宙飛行士」。

❷ もし何か質問があれば，私に電話してください。

Please call me if you have any questions.

❸ もし今週末に時間があれば，私の家に来てください。

If you have time this weekend, please visit my
house.

❶ 未来のことでも if 〜 の部分は現在形で表す。

❹ 私はかぜをひいていたので，学校に行きませんでした。

I didn't go to school because I had a cold.

❺ とても疲れているので，今日は早めに寝たいです。

I want to go to bed early today because I'm
very tired.

66

～するために

to 動詞

私はそのバスに間に合うために走りました。

I ran to catch the bus.

文型66

〈to＋動詞の原形〉で「～するために」の意味を表すことができます。

to＋動詞の原形

I	ran	to catch	the	bus.
私	走った	～に間に合うために		バス

ここがポイント！

1 to のあとの動詞はいつも原形です。

2 Why ～?（なぜ～か）の質問に対して，To ～.（～するために）の形で答えることがあります。

3 It takes … to ～. とすると，「～するのに（時間や費用など）がかかる」という意味になります。

❶ 私たちはキャッチボールをしに公園へ行きました。

We went to the park to play catch.

❶ play catch で「キャッチボールをする」という意味。

❷ 真紀は，いいテニス選手になるためにたくさん練習します。

Maki practices a lot to be a good tennis player.

❶ 主語が3人称単数でも to のあとの動詞は原形。be 動詞の原形は be。

❸ 博物館へ行くためにはバスに乗るほうがいいですよ。

You should take a bus to go to the museum.

❹ 私はレポートを書くために何冊か本を借りました。

I borrowed some books to write the report.

❶ 過去の文でも to のあとの動詞は原形。

❺ なぜ体育館に行ったのですか。 － 洋介の試合を見るためです。

Why did you go to the gym?
— To see Yosuke's game.

❻ ここから大阪駅へ行くのに30分かかります。

It takes thirty minutes to get to Osaka station from here.

67

　中2

入試出題率 ★★★★★
不定詞
（形容詞的用法）

～するための…

… to 動詞

あなたに見せる（ための）写真があります。

I have some pictures to show you.

文型 67

〈to＋動詞の原形〉は，「～するための」「～するべき」の意味で
名詞をうしろから修飾することができます。

to＋動詞の原形

I have some pictures ┃ to show ┃ you.
～を持っている　いくつかの　　写真　　　　～に見せるための　あなた

ここがポイント！

1 to のあとの動詞はつねに原形です。

2 something to ～ は「何か～する（ための）もの」という意味を表します。

3 形容詞が something などを修飾するときは，形容詞は something などのうしろにきます。to ～ はさらにそのあとに続きます。

144

❶ 私には今日，やるべき宿題がたくさんあります。

I have a lot of homework to do today.

❷ テレビを見るのをやめる時間ですよ。

It's time to stop watching TV.

❸ 何か食べるものがほしいです。

I want something to eat.

❹ 昨日，健二には何もすることがありませんでした。

Kenji had nothing to do yesterday.

❶ nothing は「何も〜ない」という意味。

❺ 何か冷たい飲み物はいかがですか。

Would you like something cold to drink?

❶〈something＋形容詞＋to 〜〉の語順。

❻ 何か暖かい着るものはありますか。

Do you have anything warm to wear?

❶ anything は疑問文で「何か」の意味を表す。

68

入試出題率 ★★★
不定詞の文
（副詞的用法〈原因〉）

～してうれしいです。など

I'm happy to 動詞 ….

それを聞いてうれしいです。

I'm happy to **hear that.**

文型68

〈to＋動詞の原形〉は，**happy** など感情を表す形容詞のあとにきて，
その感情の原因などを表すことがあります。

$$I'm \quad \underset{うれしい}{happy} \quad to \quad \boxed{\underset{～を聞いて}{hear}} \quad that.$$

動詞の原形

ここがポイント！

1 形容詞に〈to＋動詞の原形〉が続く例には，ほかに次のようなもの
があります。

・be glad to ～ 　　（～してうれしい）
・be sad to ～ 　　 （～して悲しい）
・be sorry to ～ 　　（～して残念だ，申し訳ない）
・be surprised to ～ （～して驚く）

❶ あなたにお会いできてうれしいです，スミスさん。

I'm glad to meet you, Mr. Smith.

❷ よろこんであなたをお手伝いしますよ。

I'll be happy to help you.

❶ be happy to は「よろこんで〜する」の意味も表す。

❸ それを聞いて残念に思います。

I'm sorry to hear that.

❹ 私はそこで彼に会って驚きました。

I was surprised to see him there.

❺ 私は彼女の話が本当だと知って悲しくなりました。

I felt sad to know that her story was true.

❶ be 動詞の代わりに feel などを使うこともある。

何を〜すればよいか など

what to 動詞

私は何をすればよいかわかりませんでした。

I **didn't know** what to do.

文型 69

〈what to＋動詞の原形〉で「何を〜すればよいか」の意味を表します。

動詞の原形

I　didn't　know　**what　to**　| do |．
何をすればよいか

ここがポイント！

1 疑問詞に〈to＋動詞の原形〉を続けると，それぞれ右のような意味を表します。

2 〈what＋名詞〉や〈which＋名詞〉に to 〜 が続く場合もあります。

- ・what to 〜　（何を〜すればよいか）
- ・when to 〜　（いつ〜すればよいか）
- ・where to 〜　（どこで／どこに〜すればよいか）
- ・which to 〜　（どれを〜すればよいか）
- ・how to 〜　（〜のしかた）（→p.150）

❶ 彼はどこに行けばいいのか知りませんでした。

He didn't know where to go.

❷ 私はどちらを買えばよいか決められません。

I can't decide which to buy.

❸ この表示がどの道を行けばよいかを示しています。

This sign shows which way to go.

❹ いつレポートを提出すればよいか覚えていますか。

Do you remember when to hand in the report?

❶ hand in は「〜を提出する」という意味。

❺ 私は兄に，キャンプへ何を持っていけばよいかたずねました。

I asked my brother what to bring to the camp.

❶〈ask＋人＋what to 〜〉の語順。

70

～のしかた

how to 動詞

私はこのゲームの**遊び方**を知りません。

I don't know how to
play this game.

文型 70

〈how to＋動詞の原形〉で「～のしかた」という意味を表します。

<u>動詞の原形</u>

I don't know <u>**how to**</u> | **play** | this game.
　　　　　　　～の遊び方

ここがポイント！

1 know（知っている）や tell（教える，伝える），teach（教える），ask（たずねる）などのあとでよく使われます。

2 how to get to ～ で「～への行き方」という意味を表し，道をたずねるときによく使われます。

❶ お米のたき方を知っていますか。

Do you know how to cook rice?

❶ cook は「〜を（加熱して）調理する」という意味。

❷ 私にこのカメラの使い方を教えてくれますか。

Can you tell me how to use this camera?

❶ 〈tell＋人＋how to 〜〉で「（人）に〜のしかたを教える」という意味。

❸ 空港への行き方を教えていただけませんか。

Could you tell me how to get to the airport?

❹ 美雪は私にその手品のしかたを教えてくれました。

Miyuki showed me how to do the magic trick.

❶ 〈show＋人＋how to 〜〉の語順。

❺ 兄が私に泳ぎ方を教えてくれました。

My brother taught me how to swim.

❶ 〈teach＋人＋how to 〜〉の語順。

71

～することは…です。

It's … to 動詞 ―.

ほかの文化について学ぶことは大切です。

It's important to learn
about other cultures.

文型 71

〈It is … to＋動詞の原形 ―.〉で「～することは…です」
の意味を表します。

動詞の原形

It is important to │ learn │ about other cultures.
　　　大切な　　　　　　　　ほかの文化について学ぶこと

ここがポイント！

1 it は形式上の主語で，意味の上では to ～ の部分が主語になります。

2 「～することは（人）にとって…です」と言うときは，for を使って
It's … for（人）to ～. とします。

❶ 文化のちがいを見つけるのはおもしろいです。

It's interesting to find cultural differences.

❶ cultural は「文化の，文化的な」という意味。

❷ 50メートル泳ぐことは私にとって簡単ではありません。

It's not easy for me to swim fifty meters.

❸ これらの質問に答えることは彼女にとっては簡単でした。

It was easy for her to answer these questions.

❹ 真紀へのプレゼントを選ぶことは健二にとって難しいでしょう。

It will be difficult for Kenji to choose a present for Maki.

❶ choose は「～を選ぶ」という意味。

It's kind of you to ～.

It is … to ～. の文では，「(人)にとって」という部分はふつう for で表現しますが，人の行いについて kind(親切な)や nice(やさしい)などと言う場合には，for の代わりに of が使われます。

・It's kind of you to say so.

（あなたがそう言うことは親切です。→ 親切にそう言ってくださってありがとう。）

72

～しなければならない。

I have to 動詞 ….

私は犬を散歩に連れていかなければなりません。

I have to take my dog for a walk.

文型72

「～しなければならない」は〈have to＋動詞の原形〉で表します。

動詞の原形

I	have to	take	my	dog	for a walk.
私	～しなければ ならない	～を連れていく	私の	犬	散歩へ

ここがポイント

1 have to は，主語が3人称単数のときは has to，過去を表すときは had to となります。

2 have to の否定形は don't / doesn't have to で，「～する必要はない」という意味を表します。

3 〈must＋動詞の原形〉も「～しなければならない」という意味で使われます。（否定形は mustn't で，「～してはいけない」の意味。）

❶ 私はもう行かなくてはなりません。

I have to go now.

❷ 彼女は明日，7時に学校に来なければなりません。

She has to come to school at seven tomorrow.

❶ 主語が3人称単数なので has to となる。

❸ あなたは一生けんめい勉強しなければなりません。

You must study hard.

❹ 大樹はサッカーをけんめいに練習しなければなりませんでした。

Daiki had to practice soccer hard.

❶「〜しなければならなかった」は had to で表す。

❺ 私は日曜日の朝は，早起きする必要がありません。

I don't have to get up early on Sunday morning.

❶ don't have to は「〜する必要がない」の意味。

❻ 学校に電話を持ってきてはいけません。

You must not bring your phone to school.

❶ must not は「〜してはいけない」の意味。

have to と must のちがい
have to は，まわりの客観的な状況で「しなければならない」と言うときに使い，must は，話し手の主観的な判断で「しなければならない」と言うときに使います。日常会話では have to を使うことのほうが多いです。

～しなければなりませんか。

Do I have to 動詞 …?

私は 7 時までに帰ってこなければなりませんか。

Do I have to come home
by seven?

文型 73

「～しなければなりませんか」は Do / Does で文を始めます。

主語　　　　　　　　　**動詞の原形**

Do I have to come home by seven?
私　～しなければ　　　家に帰る　　～までに　7時
　　ならない

ここがポイント !

1 主語が 3 人称単数のときは，do の代わりに **does** を使います。

2 疑問文では，主語が何であっても have to の形は変わらず，has to にはなりません。

3 過去のことをたずねる場合は，**did** を使って〈**Did ＋主語＋ have to ～?**〉の形になります。この場合も，動詞は原形を使います。

❶ 私はもう行かなければなりませんか。 — はい，そうです。

Do I have to go now? — Yes, you do.

❶「はい」の答えは〈Yes, ～ do / does.〉。

❷ 私が皿を洗わなければいけませんか。

— いいえ，その必要はありません。

Do I have to wash the dishes? — No, you don't.

❶「いいえ」の答えは〈No, ～ don't / doesn't.〉。

❸ 洋介は家にいなければなりませんか。

— いいえ，その必要はありません。

Does Yosuke have to stay home?

— No, he doesn't.

❹ あなたは長い間待たないといけませんでしたか。

— いいえ，その必要はありませんでした。

Did you have to wait for a long time?

— No, I didn't.

❶ 過去の疑問文では did を使う。

彼の話は本当かもしれません。

His story may be true.

文型74

may, can, must は確信の度合いを表すときにも使われます。

動詞の原形

His	story	**may**	be	true.
彼の	話	〜かもしれない		本当の

	She	**must**	be	tired.
	彼女	〜にちがいない		疲れていて

ここがポイント！

1 may, can, must のあとにくる動詞はいつも原形です。

2 may は「〜かもしれない」，can は「〜しうる，〜でありうる」，must は「〜にちがいない」という意味です。

❶ あなた（の言っていること）が正しいかもしれません，洋介。

You may be right, Yosuke.

❷ だれでも間違いをする可能性はあります。

Anybody can make mistakes.

❶ anybody は「だれでも」，mistake は「間違い」という意味。

❸ 彼女はとても疲れているにちがいない。

She must be very tired.

❹ 彼女の話が本当のはずはない。

Her story can't be true.

❶ can't を使うと「〜はずがない」という意味になる。

「〜かもしれない」の might

may の過去形 might は，「ひょっとしたら〜かもしれない」という意味合いで，may よりも確信の度合いが低いときに使われます。

・His story might be true.

（彼の話はひょっとしたら本当かもしれません。）

75

～しましょうか。

Shall I 動詞 …?

あなたたちの写真を撮りましょうか。

Shall I take your picture?

文型75

「（私が）～しましょうか」は〈Shall I＋動詞の原形 …?〉で表します。

動詞の原形

Shall	**I**	take	your	picture?
～しましょうか		～を撮る	あなたたちの	写真

ここがポイント！

1 Shall I ～? は，相手に何かを申し出るときの言い方です。

2 「（いっしょに）～しましょうか」と誘ったり，提案したりするときは Shall we ～? と言います。

3 「（私が）～しましょうか」と申し出るときには，Shall I ～? の代わりに Should I ～? も使われます。

❶ 窓を開けましょうか。 ― はい，お願いします。

Shall I open the windows? ― Yes, please.

❶ 申し出を受けるときは Yes, please.（はい，お願いします。）などと答える。

❷ 明日の朝，あなたに電話しましょうか。

― いいえ，結構です。

Shall I call you tomorrow morning?

― No, thank you.

❶ 申し出を断るときは No, thank you.（いいえ結構です，ありがとう。）などと答える。

❸ 休けいしましょうか。― いいですよ。

Shall we have a break? ― OK.

❶ have a break で「休けいをとる」という意味。

❹ 遊園地に行きましょうか。― いいえ，やめましょう。

Shall we go to the amusement park?

― No, let's not.

❶ No, let's not. は「いいえ，やめましょう」という言い方。

❺ （あなたのために）地図を描きましょうか。

― ありがとうございます。

Should I draw a map for you? ― Thank you.

❶ Shall I ～? の代わりに Should I ～? と言うこともある。

〜したほうがいい。

You should 動詞 ….

あなたは今夜は早く寝たほうがいい。

You should go to bed early tonight.

文型 76

「〜したほうがいい」「〜すべきだ」は
〈should＋動詞の原形〉で表します。

You	should	動詞の原形 go	to	bed.
あなた	〜したほうがいい	寝る		

ここがポイント！

1 should のあとの動詞はいつも原形です。

2 「〜しないほうがいい」「〜すべきではない」と言うときは，should の否定形 shouldn't を使います。

3 「〜したほうがいいですか」「〜すべきですか」という疑問文は，should で文を始めます。

❶ 真紀は健二に手紙を書いたほうがいい。

Maki should write a letter to Kenji.

　　　　❶ 主語が 3 人称単数でも should の形は変わらず，should のあとの動詞はいつも原形。

❷ あなたは食べすぎないほうがいい。

You shouldn't eat too much.

　　　　❶ too は「〜すぎる」の意味で，eat too much で「食べすぎる」。

❸ 私は予定を確認したほうがいいですか。— そう思います。

Should I check the schedule? — I think so.

❹ 私たちはパーティーに何を持っていけばいいですか。

　— 何でもいいです。

What should we bring to the party?

— Anything is OK.

　　　　❶ what や how などの疑問文では，what や how のあとに should 〜? を続ける。

77

…よりも〜

〜er than …

私のお弁当箱は彼のよりも大きいです。

My lunchbox is bigger than his.

文型 77

「…よりも〜」は〈比較級＋than …〉で表します。

My　lunchbox　is　| **bigger** | than　his.
　　　　　　　　　もっと大きい　　〜よりも　彼のもの

ここがポイント！

1 比較級はふつう，形容詞や副詞に er をつけてつくります。（→p.229）

2 important や difficult など比較的つづりの長いものは，er をつけずに，前に more をおいて比較級をつくります。

3 good の比較級は better です。（不規則変化）

❶ 真紀は美雪よりも背が高いです。

Maki is taller than Miyuki.

❷ 信濃川は，日本のほかのどの川よりも長いです。

The Shinano River is longer than any other river in Japan.

❶ any other ～ で「ほかのどの～」という意味。

❸ あなたのクッキーのほうが私の姉のよりもおいしいです。

Your cookies are better than my sister's.

❶「もっとよい[もっとおいしい]」は better。

❹ 問題 A は，問題 B よりも難しかったです。

Question A was more difficult than Question B.

❺ 大樹は健二よりも早く学校に来ました。

Daiki came to school earlier than Kenji.

---

more ～ の形の比較級になる語

ふつうの語は long → longer のように er をつけて比較級にしますが，次の語は difficult → more difficult のように前に more をつけて比較級にします。

beautiful （美しい）	famous （有名な）	exciting （興奮させる）
important （重要な）	popular （人気のある）	useful （役に立つ）
interesting （おもしろい）	slowly （ゆっくりと）	quickly （すばやく）

…の中でいちばん〜

the 〜est of …

その3びきの中でタローがいちばん大きいです。

Taro is the biggest of the three.

文型 78

「…の中でいちばん〜」は〈the＋最上級＋of / in …〉で表します。

最上級

Taro is the | **biggest** | of the three.
いちばん大きい　　〜の中で

ここがポイント

1 最上級はふつう，形容詞や副詞に est をつけてつくります（→p.229）。比較的つづりの長いものは，前に most をおいて最上級にします。

2 「…の中で」は，複数を表す語なら of，場所や範囲を表す語なら in を使います。

3 good の最上級は best です。（不規則変化）

❶ 洋介は私たちのクラスでいちばん背が高いです。

Yosuke is the tallest in our class.

❶ our class は範囲を表すので in を使う。

❷ 私たちの店ではアップルパイがいちばん人気があります。

Apple pie is the most popular in our shop.

❶ popular の最上級は most popular。

❸ これはすべての中でいちばんおもしろい本でした。

This was the most interesting book of all.

❶ 形容詞の比較級や最上級のあとに名詞が続くこともある。

❹ 美雪の絵がいちばんいいと思います。

I think Miyuki's painting is the best.

❶「いちばんいい」は best。

❺ 今朝，私が家族でいちばん早く起きました。

I got up the earliest in my family this morning.

❶ 副詞の最上級には the をつけずに got up earliest のように言うこともある。

～のほうが好き

like ～ better

私はドラマよりもお笑い番組のほうが好きです。

I like **comedy shows** better than **dramas.**

文型 79

「…よりも～のほうが好き」は like ～ better than … で表します。

I **like** comedy shows **better than** dramas.

～のほうが好き　　　　　　　　～よりも

ここがポイント !

1 I like ～ better で好きなほうを先に言い，そのあとに比べる相手やものを than … で続けます。

2 「～がいちばん好き」と言うときは，best を使って like ～ (the) best で表します。

❶ 私は社会科よりも理科のほうが好きです。

I like science better than social studies.

❶ social studies は「社会科」。

❷ 父は紅茶よりもコーヒーのほうが好きです。

My father likes coffee better than tea.

❸ 私はももがいちばん好きです。

I like peaches the best.

❹ 私はひまわりがいちばん好きです。

I like sunflowers best.

❶ 副詞の最上級には the をつけないこともある。

80

どちらがより〜ですか。

Which is 〜er …?

このケーキとあのケーキでは，どちらのほうが大きいですか。

Which is bigger, this
cake or that one?

文型80

2つを比べて「A と B では，どちらがより〜ですか」とたずねるときは，

〈Which is＋比較級, A or B?〉で表します。

比較級

Which is │ **bigger** │, this cake │ **or** │ that one?
どちら　　　　　より大きい　　　　　　　　　　〜または…

ここがポイント⚡

❶ 〈Which is＋比較級〉で「どちらがより〜か」の意味です。そのあとコンマ(,)で区切り，A or B（A と B では）を続けます。

❷ 「どちらのほうが好きですか」は，**Which do you like better 〜?** でたずねます。

❸ 「どれがいちばん〜ですか」は **Which is the＋最上級 …?** で，「どれがいちばん好きですか」は **Which do you like (the) best 〜?** でたずねます。

❶ アメリカでは野球とサッカーのどちらが人気がありますか。

　－ アメリカでは野球のほうが人気があります。

Which is more popular in the U.S., baseball or soccer?

　－ Baseball is more popular in the U.S.

❷ パンとごはん（米）ではどちらのほうが好きですか。

　－ ごはんのほうが好きです。

Which do you like better, bread or rice?

　－ I like rice better.

❸ これらの本の中でどれがいちばんおもしろいですか。

　－ この本です。

Which is the most interesting of these books?

　－ This one is.

❹ どの季節がいちばん好きですか。 － 夏がいちばん好きです。

Which season do you like the best?

　－ I like summer the best.

81

081　中2
入試出題率 ★★★★
比較の文
（as 〜 as …）

…と同じくらい〜

as 〜 as …

あなたのかばんは私のと同じくらいの重さです。

Your bag is as heavy as mine.

文型 81

「…と同じくらい〜」と言うときは as 〜 as … で表します。

　　　　　　　　　　　　　　　　【形容詞や副詞】

Your bag is as ｜ heavy ｜ as mine.
　　　　　　　　　　私のと同じくらいの重さ

ここがポイント！

1 as 〜 as の「〜」には，変化しないふつうの形の形容詞や副詞がきます。as 〜 as のあとに比べる相手やものを続けます。

2 否定形は not as 〜 as … で，「…ほど〜ではない」の意味を表します。

3 「(A が)できるだけ〜」と言うときにも as 〜 as の形を使い，as 〜 as A can で表します。

❶ 田中先生は私の父と同じくらいの身長です。

Mr. Tanaka is as tall as my father.

❷ 健二は大樹と同じくらいうまくスキーをします。

Kenji skis as well as Daiki.

❸ 私の電話はあなたのほど軽くはありません。

My phone isn't as light as yours.

❹ 私は佐織ほど頻繁には音楽を聞きません。

I don't listen to music as often as Saori.

❺ できるだけたくさんのごみを拾いましょう。

Let's pick up as much trash as we can.

❶ pick up は「〜を拾い上げる」という意味。as 〜 as の間に〈形容詞＋名詞〉がくることもある。

～されます。

It is 過去分詞 ….

スペイン語は多くの国で話されています。

Spanish is spoken in many countries.

¡Hola!

Adiós.

Gracias.

文型82

「**～される**」と何かの動作を受けることを言うときは，
〈**be 動詞＋過去分詞**〉で表します。

```
        be動詞   過去分詞
Spanish  is  | spoken |  in  many  countries.
            話されている
```

ここがポイント /

1 動詞の過去分詞は，過去形と同じ形が多いですが，不規則に変化するものもあります。（→p.230）

I	am		
He / She / It など3人称単数	is	過去分詞	….
You / We / They とすべての複数	are		

2 否定文は be 動詞のあとに not を入れます。

❶ この公園はボランティアの人たちによってそうじされています。

This park is cleaned by volunteers.

❶「〜によって」と言う場合は，by 〜 で表す。

❷ この製品は中国で作られています。

This product is made in China.

❸ 彼の本は世界中で読まれています。

His books are read around the world.

❶ read の過去形・過去分詞は，原形と同じつづりで発音だけが変わる。

❹ 彼はなべちゃんと呼ばれています。

He is called Nabe-chan.

❶ We / They call him Nabe-chan. を，he を主語にして「〜される」の言い方にした文。

❺ このコンピューターは今はもう使われていません。

This computer isn't used anymore.

❶ anymore は「今はもう」の意味。

❻ これらの花は夏に見られます。

These flowers can be seen in summer.

❶ can などの助動詞を使うときは〈助動詞＋be＋過去分詞〉の形になる。

〜されました。

It was ┊過去分詞┊ ….

それは夏目漱石によって書かれました。

It was written by Natsume Soseki.

文型83

「〜された」と過去に動作を受けたことを言うときは，
〈was / were＋過去分詞〉で表します。

	be動詞	**過去分詞**			
It	**was**	**written**	by	Natsume	Soseki.
		書かれた	〜によって		

ここがポイント！

1 be動詞の過去形は，主語によって使い分けます。

2 未来のことについて「〜されるでしょう」と言うときは，〈will be＋過去分詞〉や〈be going to be＋過去分詞〉で表すことができます。

I		
He / She / It など3人称単数	was	過去分詞 ….
You / We / They とすべての複数	were	

❶ カラオケは日本人によって発明されました。

Karaoke was invented by a Japanese person.

❶ invent は「～を発明する」。

❷ 東京タワーは1958年に建てられました。

Tokyo Tower was built in 1958.

❸ 市場ではたくさんの野菜が売られていました。

A lot of vegetables were sold at the market.

❹ 文化祭は10月に開かれるでしょう。

The school festival will be held in October.

❶ held の原形 hold には「(会などを)開く，催す」の意味がある。

❺ 赤ちゃんは直美と名づけられました。

The baby was named Naomi.

❶ They named the baby Naomi. を，the baby を主語にして「～された」の言い方にした文。

〜されますか。

Is it 過去分詞 …?

すしはアメリカで食べられていますか。

Is sushi eaten in the U.S.?

文型84

「〜されますか」とたずねるときは，be 動詞で文を始めます。

be動詞	主語	過去分詞		
Is	sushi	**eaten**	in the	U.S.?

ここがポイント

1 be 動詞は，主語に合わせて使い分けます。過去の文では was，were を使います。

2 where や what などの疑問詞は文の初めにおきます。

Is	he / she / it など3人称単数	過去分詞 …?
Are	you / we / they とすべての複数	

❶ この席は（だれかに）取られていますか。

　ー いいえ，取られていません。

Is this seat taken? — No, it isn't.

　❶ 席が空いているかどうかをたずねるときの決まった言い方。

❷ このかばんはフランスで作られたのですか。

　ー いいえ，ちがいます。

Was this bag made in France? — No, it wasn't.

❸ 1970年の万博はどこで開催されましたか。ー 大阪で開催されました。

Where was the Expo held in 1970?
　ー It was held in Osaka.

　❶ Expo は「万国博覧会（万博）」という意味。

❹ この絵はいつ描かれたのですか。ー 約200年前に描かれました。

When was this picture painted?
　ー It was painted about two hundred years ago.

❺ その事故で何人の人が亡くなったのですか。

　ー 100人超が亡くなりました。

How many people were killed in the accident?
　ー Over a hundred people were killed.

　❶〈be動詞＋killed〉は事故などで死ぬことを表すのによく使われる。

85

（ずっと）〜しています。

I have 過去分詞 ….

私は千葉に15年間住んでいます。

I've lived in Chiba for fifteen years.

文型 85

「（過去から現在までずっと）〜しています」と継続している状態を
言うときは，〈have / has＋過去分詞〉で表します。

　　　　　　過去分詞

I **have** | **lived** | in Chiba | **for** | fifteen years.
　（ずっと）住んでいる　　　　　　　　〜の間

ここがポイント!

1 主語に合わせて have と
has を使い分けます。
I have → I've，he has →
he's などの短縮形もよく
使われます。

I		
You / We / They とすべての複数	have	
He / She / It など3人称単数	has	過去分詞 ….

❶ 美雪は10年間フランス語を勉強しています。

Miyuki has studied French for ten years.

❶ 主語が3人称単数なので，has を使う。期間を表すときは for（〜の間）を使う。

❷ 水曜日からずっとくもっています。

It has been cloudy since Wednesday.

❶ be 動詞の過去分詞は been。「〜から［以来］」は since を使う。

❸ 彼らはそのレストランで半年間働いています。

They've worked at the restaurant for six months.

❶ they've は they have の短縮形。

❹ 彼は今朝からずっと自分の部屋にいます。

He's been in his room since this morning.

❶ 「いる」は be 動詞の過去分詞 been を使う。

〜したところです。

I have 過去分詞 ….

ちょうど宿題を終えたところです。

I've **just** finished
my homework.

文型86

「〜したところです」と言うときも，
〈**have / has＋過去分詞**〉**で表します。**

　　　　　　　　　　　過去分詞

I **have** | just | finished | my　homework.

　　　　　　ちょうど
　　　〜を終えたところだ

ここがポイント！

① 過去に始まった動作や状態が現在には終わっている（現在は完了した状態である），ということを表す言い方です。

② just（ちょうど）や already（すでに，もう）がよく使われます。これらはふつう have / has のあとに入れます。

❶ 洋介はちょうど体育館を出ていったところです。

Yosuke has just left the gym.

❷ 映画はもう始まってしまいました。

The movie has already started.

❸ 私たちはすでにこの本を読みました。

We've already read this book.

❹ 私は佐織にそのニュースを話してしまいました。

I've told the news to Saori.

「〜したところだ」「〜してしまった」でよく使われる動詞

finish や leave のほか，arrive（到着する），do（〜をする），lose（〜をなくす）などもよくこの文型で使われます。

・I've lost my ticket.
（切符をなくしてしまった。→ その結果，今は切符がない状態だ）

〜したことがあります。

I have 過去分詞 ….

私はそのスタジアムに何度も行ったことがあります。

I've been to the stadium many times.

文型 87

「（今までに）〜したことがあります」と言うときも，
〈have / has＋過去分詞〉で表します。

```
        過去分詞
I  have  been  to the stadium many times.
   行ったことがある          スタジアム    何度も
```

ここがポイント！

1 「〜したことがある」と言うときは，before（以前に），once（1度），twice（2度），〜 times（〜度）などがよく使われます。

2 「〜へ行ったことがある」は，ふつう be 動詞の過去分詞 been を使って have / has been to 〜 と言います。

❶ 私は以前にこの話を聞いたことがあります。

I've heard this story before.

❷ 私は1度長崎へ行ったことがあります。

I've been to Nagasaki once.

❸ 姉は以前に何通も英語のメールを書いたことがあります。

My sister has written many English e-mails before.

❹ 大樹は富士山に登ったことが2度あります。

Daiki has climbed Mt. Fuji twice.

have been to ～ と have gone to ～

have / has been to ～ は「～へ行ったことがある」を意味しますが，go（行く）の過去分詞 gone を使った have / has gone to ～ は，多くの場合「～へ行ってしまった（そして今はここにいない）」という意味になります。

（まだ）〜していません。

I haven't ［過去分詞］ ….

私はまだデザートを食べていません。

I haven't eaten my
dessert yet.

文型 88

〈have / has＋過去分詞〉の否定文は
〈have / has not＋過去分詞〉で表します。

| I | **haven't**
〈have＋not〉
〜を食べていない | **eaten**
〈過去分詞〉 | my | dessert
デザート | **yet**
まだ | . |

ここがポイント！

1 否定文は have / has のあとに not を入れます。have not → haven't, has not → hasn't という短縮形をよく使います。

2 「まだ〜していません」と言うときは，否定文の文末に yet をおきます。

3 have / has never 〜 とすると，「1度も〜したことがない」という意味になります。

186

❶ 大樹はまだユニフォームを着ていません。

Daiki hasn't put on his uniform yet.

❷ この冬は雪が降っていません。

It hasn't snowed this winter.

❸ 私はペットを飼ったことが1度もありません。

I've never had a pet.

❹ 真紀は四国へ行ったことが1度もありません。

Maki has never been to Shikoku.

❶ have / has been to ～ で「～へ行ったことがある」という意味。

❺ 私は3日間テレビゲームをしていません。

I haven't played a video game for three days.

❻ 真紀は脚を骨折して以来スキーをしていません。

Maki hasn't skied since she broke her leg.

❶ since のあとに文の形がくることもある。

～したことがありますか。

Have you　過去分詞 …?

今までにイルカにさわったことがありますか。

Have **you ever** touched

a dolphin?

文型 89

〈**have / has ＋過去分詞**〉の疑問文は have / has で文を始めます。

	主語		過去分詞		
Have	you	ever	touched	a	dolphin?
		今までに			イルカ

～にさわったことがあるか

ここがポイント /

❶ 「今までに～したことがあります
か」と言うときは, ever
を過去分詞の前におきます。

❷ 「もう～しましたか」と言う
ときは, yet を文末におき
ます。

Have	you / we / they とすべての複数	過去分詞	…?
Has	he / she / it など3人称単数		

❶ 健二は今までに歌を作ったことがありますか。— はい，あります。

Has Kenji ever written a song? — Yes, he has.

❶「はい」と答えるときは，have / has を使って〈Yes, ～ have / has.〉。

❷ 今までに沖縄へ行ったことがありますか。— いいえ，ありません。

Have you ever been to Okinawa? — No, I haven't.

❶「いいえ」と答えるときは〈No, ～ haven't / hasn't.〉。

❸ あなたはもうその問題を解きましたか。— はい，解きました。

Have you solved the problem yet? — Yes, I have.

❹ 真紀はもう部屋をそうじしましたか。 — いいえ，まだです。

Has Maki cleaned her room yet?
— No, not yet.

❶「まだ」と答えるときは not yet を使う。

❺ あなたはフランス語を長い間勉強しているのですか。

— はい，そうです。

Have you studied French for a long time?
— Yes, I have.

どのくらい〜していますか。

How long have you ┊過去分詞┊ …?

どのくらい**日本にいますか。（日本に来てからどのくらいですか。）**

How long have **you been in Japan?**

文型90

「どのくらい（長く）〜していますか」などとたずねるときは，
疑問詞で文を始めて，**have / has 〜 ?** の疑問文を続けます。

How long など		主語	過去分詞	
How long どのくらい長く	**have**	you	**been**	in Japan?

（ずっと）いるか

ここがポイント⟋

1 How long 〜? で期間をたずねられたら，ふつう for（〜の間）を使って答えます。

2 「（これまでに）何回〜したことがありますか」とたずねるときは，**How many times** で文を始めます。

3 How many times 〜? で回数をたずねられたら，**once**（1回），**twice**（2回），**three times**（3回）などを使って答えます。

❶ 彼はどのくらいパリに住んでいますか。―　3 年間住んでいます。

How long has he lived in Paris?

― He's lived there for three years.

❶ for ～ で期間を答える。

❷ あなたは何回この映画を見たことがありますか。―　2 回あります。

How many times have you seen this movie?

― I've seen it twice.

❶ 回数を答える。twice は two times と同じで「2 回」の意味。

❸ あなたは何回ニューヨークに行ったことがありますか。

　― 3 回あります。

How many times have you been to New York?

― I've been there three times.

❹ あなたは今までにいくつの国を訪れたことがありますか。

　― 20 より多くの国に行ったことがあります。

How many countries have you ever visited?

― I've visited more than twenty countries.

91

中3

入試出題率 ★★
現在完了進行形の文

ずっと〜しています。

I've been 〜ing.

私は午前10時からずっと待っています。

I've been waiting
since 10 a.m.

文型91

動作について「(現在までずっと)〜しています」と言うときは,
〈have / has been＋動詞のing形〉**で表します。**

I <u>**have been**</u> <u>**waiting**</u> <u>since</u> 10 a.m.
(ずっと)待っている ・動詞のing形・ 〜から

ここがポイント

1 進行形にしない〈have＋過去分詞〉(→p.180)は,おもに状態や習慣を表す動詞で使うのに対して,動作について「〜し続けている」と言うときにこの文型を使います。

2 主語に合わせてhaveとhasを使い分けます。

I You / We / They とすべての複数	have	been	動詞の ing 形	….
He / She / It など3人称単数	has			

❶ 彼は2時間ずっとテレビを見ています。

He's been watching TV for two hours.

❷ 私は去年からずっとスペイン語を勉強しています。

I've been studying Spanish since last year.

❶ study は動作を表す動詞だが，繰り返しの習慣と考えて I've studied 〜. で表すこともある（→p.180）。

❸ 私たちは6か月ずっと練習しています。

We've been practicing for six months.

❹ 1日中ずっと雨が降っています。

It's been raining all day.

❶ all day は「1日中」という意味。

❺ 私もずっとそれについて考えていました。

I've been thinking about it, too.

❶ 相手と同じ考えを心に抱いていたり，悩み事を検討していたりするときに使う表現。

❻ あなたに会うのをずっと楽しみにしていました。

I've been looking forward to seeing you.

❶ look forward to 〜は「〜を楽しみに待つ」という意味。あとに動詞がくるときは ing 形にする。

「（直前まで）ずっと〜していた」
〈have / has been＋動詞の ing 形〉は，「（直前まで）ずっと〜していた」という意味（完了）でも使われることがあります。

・I'm going to bed now. I've been studying very hard.
（今，寝るところです。私は今までとても一生けんめい勉強していました。）

92

092 中3
入試出題率 ★★
現在完了進行形の疑問文

ずっと〜していますか。

Have you been 〜ing?

それをどのくらいの間プレイしているのですか。

How long have you been playing it?

文型 92

動作について「(現在までずっと) 〜していますか」は,
〈Have / Has＋主語＋been＋動詞のing形 〜?〉で表します。

Have you been ~~(主語)~~ **been** | **playing** (動詞のing形) | it for a long time?
　　　　　　　　　　　　　　　　　　　　　　　　　　長い間

How long **have you been** | **playing** | it?
どのくらい(長く)

ここがポイント！

1 How long などの疑問
詞を使うときは，疑問
詞で文を始めます。

Have	you / we / they とすべての複数	been	動詞の ing 形	…?
Has	he / she / it など3人称単数			

❶ あなたは長い時間ずっと待っているのですか。

Have you been waiting for a long time?

❷ あなたは今朝からずっと練習しているのですか。

Have you been practicing since this morning?

❸ 彼女はここに1時間ずっと立っているのですか。

Has she been standing here for an hour?

❹ あなたどのくらいの間日本語を勉強しているのですか。

How long have you been studying Japanese?

❶ study は動作を表すが, 繰り返しの習慣と考えて have you studied で表すこともある(→p.188)。

❺ 彼らはどのくらいの間話しているのですか。

How long have they been talking?

❻ 彼はどのくらいの間テレビを見ているのですか。

How long has he been watching TV?

93

私を〜にする など

make me 〜

ねこは私を幸せにします。

Cats make me happy.

文型 93

makeは，〈make A B〉の形で「A を B にする」の意味を表します。
〈A＝B〉の関係が成り立ちます。

Cats	make	A 〜を	B 〜に
ねこ	する	**me** 私を	**happy** 幸せな

イコールの関係

ここがポイント！

1 〈make A B〉の B には形容詞か名詞がきます。

2 右の動詞も，make と同じように〈動詞 A B〉の形をとります。B にはふつう形容詞がきます。

- keep A B　（A を B の状態に保つ）
- leave A B　（A を B のままにしておく）
- find A B　（〈経験して〉A が B だとわかる）

❶ その知らせは私を悲しくさせました。

The news made me sad.

❷ 美雪からの手紙はいつも彼を幸せにします。

The letters from Miyuki always make him happy.

❸ この映画は彼女を有名にするでしょう。

This movie will make her famous.

❹ あなたは部屋をきれいに保つべきです。

You should keep your room clean.

❺ 私をひとりにしておいてください。

Please leave me alone.

❶ alone は「ひとりで，ほかにだれもいなくて」という意味。

❻ そのクイズは（挑戦してみて）難しいとわかりました。

I found the quiz difficult.

❶ found は find の過去形。

94

…に～してほしい

want … to 動詞

私は彼に隣に座ってほしい。

I want him to sit next
to me.

文型94

want … to ～ で「…に～してほしい」という意味を表します。

		人など		動詞の原形			
I	want	him	to	sit	next to	me.

彼に座ってほしい　〜の隣に

ここがポイント！

1 to のあとはつねに動詞の原形です。

2 「私に～してほしいですか」は Do you want me to ～? となります。
この文は，「(私が)～しましょうか」と申し出るときにも使われます。

3 want の代わりに would like (→p.100)を使って I'd like … to ～. と
すると，よりていねいな言い方になります。

❶ 私はあなたたちに幸せになってもらいたいです。

I want you to be happy.

❷ あなたの夢についてもっと私に話してほしいです。

I want you to tell me more about your dreams.

❶ more は「もっと」という意味。

❸ 私といっしょに来てほしいのですが。

I'd like you to come with me.

❶ I want you to 〜. よりもていねいな言い方。

❹ 手伝ってあげましょうか。

Do you want me to help you?

❶ Do you want me to 〜? は，友だちどうしなどでの軽い申し出にも使われる。

95

…に～するように言う

tell … to 動詞

私は彼に真紀に電話するように言いました。

I told him to call Maki.

文型 95

〈tell＋人＋to ～〉で「(人)に～するように言う」
という意味を表します。

		人		**動詞の原形**	
I	told	him	to	call	Maki.

彼に～に電話するように言った

ここがポイント！

1 to のあとはつねに動詞の原形です。

2 〈ask＋人＋to ～〉とすると，「(人)に～するように頼む」という意味になります。

❶ スミス先生は私たちに英語で話すように言いました。

Mr. Smith told us to speak in English.

❷ 私に折り返し電話するように，彼に伝えていただけますか。

Could you tell him to call me back, please?

❸ 私は美雪にノートを見せてくれるように頼みました。

I asked Miyuki to show me her notebook.

❹ 洋介に，食べ物を持ってきてくれるように頼んではどうですか。

Why don't you ask Yosuke to bring some food?

❹ Why don't you ～? で「～したらどうですか」と提案する言い方。（→p.98）

〈tell＋人＋to ～〉〈ask＋人＋to ～〉の言いかえ
〈tell＋人＋to ～〉と〈ask＋人＋to ～〉は，say を使って次のように言いか
えることができます。
・I told him to clean his room.
（私は彼に部屋をそうじするように言いました。）
→"Clean your room," I said to him.
（「部屋をそうじしなさい」と私は彼に言いました。）
・She asked me to draw a map. （彼女は私に地図を描くように頼みました。）
→"Please draw a map," she said to me.
（「地図を描いてください」と彼女は私に言いました。）

96

…に〜させる

let … 動詞

それについて私に考えさせて。

Let me think about it.

文型 96

〈let … 動詞の原形〉で

「…に〜させる」という意味を表します。

Let させる	**me** 私に 人など	**think** 考える 動詞の原形	about it. それについて

ここがポイント！

1 let のあとに使う動詞はいつも原形です。

2 let は過去形も let です。

3 let は「（希望通りに）〜するのを許す」という意味合いで使います。

❶ 確認させてください。

Let me check.

❷ どうか私を行かせてください[解放してください]。

Please let me go.

❶ let me go は「私を解放して」という意味でよく使う。

❸ あなたにいくつか例を示させてください。

Let me show you some examples.

❹ 自己紹介させてください。

Let me introduce myself.

❶ 「私に，私自身を紹介させてください」という意味。

❺ もし何か質問がありましたら，どうか私にお知らせください。

If you have any questions, please let me know.

❶ 「ご不明な点がありましたらご連絡ください」のような意味合いでよく使われる表現。

❻ 彼女は私に彼女の電話を使わせてくれました。

She let me use her phone.

❶ let の過去形は let で，原形と同じ形。

…が〜するのを手伝う など

help … 動詞

彼は私がこの動画を作るのを手伝ってくれました。

He helped me make this video.

文型 97

〈help … 動詞の原形〉は「…が〜するのを手伝う」
〈make … 動詞の原形〉は「…に〜させる」
という意味を表します。

		人など	動詞の原形	
He	helped 手伝う	me 私	make 作る	this video. この動画
Her story 彼女の物語	made させる	me 私	cry 泣く	.

ここがポイント！

1 help や make が過去形になるときでも，そのあとに使う動詞は過去形にしません。

2 help や make のすぐあとに代名詞が来るときは**目的格**にします。

3 make は let とちがって，「（強制的に）〜させる」という意味合いで使います。

Practice　文型を身につけよう

❶ 私は彼女が手荷物を運ぶのを手伝いました。

I helped her carry her baggage.

❶ baggage は旅行のときの「手荷物」という意味。luggage とも言う。

❷ 彼女は私がかぎを見つけるのを手伝ってくれました。

She helped me find my keys.

❶ help が過去形のときも，help のあとにくる動詞（ここでは find）は過去形にしない。

❸ 私たちは彼が夕食を作るのを手伝いました。

We helped him cook dinner.

❶ cook のかわりに make を使ってもよい。

❹ 彼らは私たちがパーティーの準備をするのを手伝ってくれました。

They helped us prepare for the party.

❶ prepare for ～ は「～の準備をする」という意味。

❺ 彼女の物語は私を泣かせました。

Her story made me cry.

❻ 彼はいつも私を笑わせてくれます。

He always makes me laugh.

❶ laugh は「（声を出して）笑う」という意味。

❼ 私は彼がうそをついていると思います。

－ 何があなたにそう思わせるの？

I think he's lying. － What makes you think so?

❶ What makes you think so? は「どうしてそう思うの？」という意味でよく使われる。

ピアノを弾いている女の子

the girl playing the piano

ピアノを弾いている**女の子**は美雪です。

The girl playing **the piano is Miyuki.**

文型98

〈動詞のing形＋語句〉は，「〜している」の意味で
うしろから名詞を修飾することができます。

動詞の ing 形

The girl │ **playing** │ the piano is Miyuki.
女の子 ↑　　　　　　　ピアノを弾いている

ここがポイント！

❶ 〈動詞のing形＋語句〉の形で，うしろから名詞を修飾します。

❷ 修飾される名詞は，文の主語にも，動詞や前置詞の目的語にも，
be 動詞のあとにくる語にもなります。

❶ 私の母はドアのそばに立っている女性です。

My mother is the woman standing by the door.

❷ 庭で遊んでいる男の子は健二の弟です。

The boy playing in the yard is Kenji's brother.

❶ 〈動詞のing形＋語句〉に修飾される名詞が主語の文。

❸ あそこを飛んでいる鳥が見えますか。

Can you see the birds flying over there?

❹ 真紀とテニスをしている女の子はだれですか。

Who is the girl playing tennis with Maki?

❺ 私は雑誌を読んでいる女性のそばに座りました。

I sat down by a woman reading a magazine.

99

099 **中3**

入試出題率 ★★★★★
後置修飾
（過去分詞）

…に撮られた写真

a picture taken in …

彼は私に1950年に撮られた写真を見せました。

He showed me a picture taken in 1950.

文型99

〈過去分詞＋語句〉は，「〜された」の意味で
うしろから名詞を修飾することができます。

過去分詞

He showed me a picture | **taken** | in 1950.

写真 ↑　　　　1950年に撮られた

ここがポイント！

1 〈過去分詞＋語句〉の形で，うしろから名詞を修飾します。

2 修飾される名詞は，文の主語にも，動詞や前置詞の目的語にも，
be 動詞のあとにくる語にもなります。

❶ そこで売られている野菜はいつも新鮮です。

The vegetables sold there are always fresh.

❶ 〈過去分詞＋語句〉に修飾される名詞が主語の文。

❷ 私の父はドイツ製のカメラを持っています。

My father has a camera made in Germany.

❸ 中国語で書かれたあの表示の意味がわかりますか。

Do you understand that sign written in Chinese?

❹ 私はメグと呼ばれる少女に会いました。

I met a girl called Meg.

❶ called ～ で「～と呼ばれる」の意味を表し，うしろから名詞を修飾する。

❺ タガログ語はフィリピンで話されている言語です。

Tagalog is a language spoken in the Philippines.

100

私が昨日読んだ本

the book I read yesterday

私が昨日読んだ**本はとてもおもしろかったです。**

The book I read
yesterday **was very**
interesting.

文型 100

〈主語＋動詞 …〉がうしろから名詞を修飾することがあります。

主語 **動詞**
The　book　I　read　yesterday　was　interesting.
　　　本 ↑　　　私が昨日読んだ

ここがポイント!

① 修飾される名詞は，うしろにくる〈主語＋動詞 …〉の動詞の**目的語**にあたります。

② 目的格の関係代名詞（→p.214）が省略された文と同じ形です。

❶ 私は先週買ったＴシャツを気に入っています。

I like the T-shirt I bought last week.

❷ これが父が私にくれた腕時計です。

This is the watch my father gave me.

❸ 彼が撮った写真は有名になりました。

The picture he took became famous.

❹ 私がそこで見かけた男性はめがねをかけていました。

The man I saw there was wearing glasses.

❺ あなたがほしいものは何でもあなたにあげます。

I'll give you anything you want.

❶ anything は肯定文で「何でも」という意味。

カナダに住んでいるおじ

an uncle who lives in Canada

私にはカナダに住んでいる**おじがいます。**

I have an uncle who
lives in Canada.

文型 101

〈who＋動詞 …〉で，
人を表す名詞をうしろから修飾することができます。

前後をつなぐ語　動詞

I have an uncle | who | lives in Canada.
　　　　おじ ↑ └──┘　　　　カナダに住んでいる

ここがポイント！

❶ 修飾する名詞が人ではなくもののときは，who の代わりに which を
使います。

❷ who や which と同じ働きをするものに that があります。that は修
飾する名詞が人でもものでも使えます。

❶ 私にはオーストラリアに住んでいるいとこがいます。

I have a cousin who lives in Australia.

❶ who の前が 3 人称単数なので，who のあとの動詞は lives になる。

❷ 私はこの写真を撮った男の人を知っています。

I know the man who took this picture.

❸ 私の父はウェブサイトを作る会社で働いています。

My father works for a company which makes websites.

❹ これはみなさんを幸せにする映画です。

This is a movie that will make you happy.

〈名詞＋who / which 〜〉の言いかえ

〈名詞＋who / which 〜〉を p.206 や p.208 の文型で言いかえられることがあります。

・the boy who is playing the guitar
　→ the boy playing the guitar（ギターを弾いている男の子）
・a car which was made in Germany
　→ a car made in Germany（ドイツ製の車）

102

彼女が書いた手紙

the letter which she wrote

これが彼女が書いた**手紙**です。

This is the letter
which she wrote.

文型102

〈which＋主語＋動詞 …〉で，
ものを表す名詞をうしろから修飾することができます。

This is the letter ┃ **which** ┃ she wrote.
　　　　　　　手紙 ↑　　前後をつなぐ語　主語　動詞　彼女が書いた

ここがポイント！

1 which の代わりに **that** を使うこともできます。

2 〈which / that＋主語＋動詞 …〉の which や that は省略することができます。省略すると，名詞のすぐあとに〈主語＋動詞 …〉が続く形になります。（→p.210）

❶ 私がそこで見つけたノートは美雪のでした。

The notebook which I found there was Miyuki's.

❷ 私がいちばん好きなスポーツはバスケットボールです。

The sport that I like best is basketball.

❸ 女の子たちはそのモデルが着る服をほしがります。

The girls want clothes that the model wears.

❹ 大樹は美雪が彼にあげたTシャツを気に入りました。

Daiki liked the T-shirt which Miyuki gave him.

103

～がどこにいるか など

where ～ is

私は佐織がどこにいるか知りません。

I don't know where

Saori is.

文型 103

疑問詞で始まる疑問文が I know …. などの文の中に入ると，
〈疑問詞＋主語＋動詞〉の語順になります。

I　don't　know　│ **where** │ Saori is.

疑問詞　　　　主語 ＋ 動詞

佐織がどこにいるのか

ここがポイント⫯

1 疑問詞のあとは，ふつうの文と同じ〈主語＋動詞 …〉の語順になります。I don't know ˣwhere is Saori. としないようにしましょう。

2 〈疑問詞＋主語＋動詞〉は，次のような動詞のあとでよく使われます。

- ・know （～を知っている）
- ・tell （～を話す）
- ・decide （～を決める）
- ・ask （～をたずねる）
- ・remember （～を覚えている，思い出す）

❶ 彼がだれだか知っていますか。 — いいえ，知りません。

Do you know who he is? — No, I don't.

❷ どうすれば新宿に行けるか教えてくれますか。 — いいですよ。

Can you tell me how I can get to Shinjuku?
— Sure.

❸ あなたは私たちがいつ会ったか覚えていますか。
— はい，覚えています。

Do you remember when we met? — Yes, I do.

❹ 私たちは真紀が何を買ったか知りません。

We don't know what Maki bought.

❺ 私は大樹になぜミーティングに来なかったのかたずねました。

I asked Daiki why he didn't come to the
meeting.

❻ 私はここで何が起こったのか知りたいです。

I want to know what happened here.

❶ 疑問詞が主語の場合は，〈疑問詞＋動詞〉の語順。

〜はいいですよね。

〜 is nice, isn't it?

健二のギターはとてもいいですね。

Kenji's guitar is very

nice, isn't it?

文型 104

「〜ですね」と相手に同意を求めたり念を押したりするときは，
否定でたずねる形を文末につけます。

Kenji's　guitar　is　very　nice,　**isn't**　**it**?

否定の短縮形に

代名詞に

ここがポイント

1 not のない現在の文の場合，文末につける形は次のようになります。

- ・be 動詞の文 　　　　〈〜, isn't / aren't＋主語の代名詞?〉
- ・一般動詞の文 　　　　〈〜, don't / doesn't＋主語の代名詞?〉
- ・can の文 　　　　　　〈〜, can't＋主語の代名詞?〉
- ・〈have / has＋過去分詞〉の文

　　　　　　　　　　〈〜, haven't / hasn't＋主語の代名詞?〉

2 否定文の場合は，文末には not のない形をつけます。

❶ あなたはそのときテレビを見ていたのですね。

You were watching TV at that time, weren't you?

❶ were のある文は〈～, weren't＋主語の代名詞？〉の形をつける。

❷ このカレーは本当においしいですね。

This curry tastes really good, doesn't it?

❸ あなたはトランペットを吹けますね。

You can play the trumpet, can't you?

❹ お母さんはもう出かけましたよね。

Mother has already left home, hasn't she?

❺ 彼は戻ってきませんよね。

He won't be back, will he?

❶ won't〔will not〕の文なので，文末には〈, will＋主語の代名詞？〉の形をつける。

〈～, isn't it?〉の文末の言い方

〈～, isn't it?〉などは，同意を求めたり，念を押したりする場合には，文末を下げ調子に言う。Yes / No の答えを期待する軽い質問の場合には，文末を上げ調子に言う。

105

入試出題率 ★★
so ～ that … の文
too ～ to … の文

とても～なので…

so ～ that … / too ～ to …

私はとても疲れているので走れません。

I'm so tired that
I can't run.

文型 105

「とても～なので…」と言うときは〈so ～ that …〉で表します。

形容詞または副詞

I'm **so** | tired | **that** I can't run.
とても疲れているので　　　　　　私は走れない

ここがポイント！

1 〈so ～ that …〉は決まった形です。that のあとには文の形が続きます。

2 so ～ that － can't …（とても～なので－は…できない）の文は, **too ～ to …**（～すぎて…できない）の文とほぼ同じ意味です。

3 so ～ that － can …（とても～なので－は…できる）の文は, **～ enough to …**（十分～なので…できる）の文とほぼ同じ意味です。

❶ この箱はとても重いので私はそれを運ぶことができません。

This box is so heavy that I can't carry it.

❷ うちの犬はとても頭がいいので私たちの言葉を理解できます。

Our dog is so clever that she can understand
our words.

❶ この she は our dog のこと。

❸ 兄は忙しすぎてテレビを見ることができません。

My brother is too busy to watch TV.

❶ My brother is so busy that he can't watch TV. とほぼ同じ意味。

❹ このセーターは小さすぎて私には着られません。

This sweater is too small for me to wear.

❶ to のあとの動詞の主語が文中にない場合，for ～ を入れる。

❺ 洋介は十分背が高いのでその枝にさわることができます。

Yosuke is tall enough to touch the branch.

106 〜であればよいのに

I wish I [過去形] ….

私が**動物と話せれば**いいのに。

I wish I could **talk to animals.**

文型 106

〈I wish I＋動詞［助動詞］の過去形 ….〉で
「〜であればいいのに」という，現実とはちがう願望を表します。

I wish I **could** talk to animals.
いいと思う［望む］　〜できたら　動物と話す

I wish I **were** a bird.
〜だったら　鳥

ここがポイント！

❶ I wish のあとの動詞や助動詞を過去形にすることで，現実とちがう（ありえない）願望である，ということを伝えています。

❷ I wish のあとにくるbe動詞は，主語が何であっても（wasではなく）wereがよく使われます。

❶ ちょうど今私がスマートフォンを持っていればいいのに。

I wish I had a smartphone right now.

❶ 過去形（ここでは had）を使うことで，現実には今は持っていないことを表す。

❷ 私が大都市に住んでいればいいのに。

I wish I lived in a big city.

❸ あなたといっしょに行ければいいのに。

I wish I could go with you.

❶ 助動詞 can の過去形 could を使う。

❹ 私が鳥であればいいのに。

I wish I were a bird.

❶ I wish のあとにくる be 動詞は，主語が何であっても were を使うことが多い。

❺ 私がもっと背が高ければいいのに。

I wish I were taller.

❶ 「もっと背が高い」は tall の比較級 taller を使う。

❻ 私が今あなたといっしょにいればいいのに。

I wish I were with you now.

もし私があなただったら…

If I were you, I would 〜.

もし私があなただったら，電車で行きます。

If I were you, I would
take a train.

文型107

〈If I were you, I would 〜.〉 で
「もし私があなただったら，〜するでしょう」という，
現実とはちがう状況で，自分だったらどうするかを表します。

		助動詞の過去形	動詞の原形	
If I were you,	I	would	take	a train.
もし私があなただったら		〜でしょう	乗って行く	電車

ここがポイント❗

❶ If I were you（もし私があなただったら）は，現実とちがう（ありえない）仮定なので，過去形の were が使われています（この文ではふつう was ではなく were を使います）。

❷ would は助動詞 will の過去形です。助動詞のあとの動詞は原形を使います。

❶ もし私があなただったら，それを買うでしょう。

If I were you, I would buy it.

❷ もし私があなただったら，もう一度やってみるでしょう。

If I were you, I'd try again.

❶ I'd は I would の短縮形。

❸ もし私があなただったら，助けを求めるでしょう。

If I were you, I'd ask for help.

❶ ask for help は「助けを求める」という意味。この help は名詞。

❹ もし私があなただったら，彼に自分の気持ちを伝えるでしょう。

If I were you, I'd tell him my feelings.

❺ もし私があなただったら，そんなことはしないでしょう。

If I were you, I wouldn't do that.

❶ 「〜しないでしょう」は I wouldn't 〜 の形になる。

❻ もし私があなただったら，1人でそこには行かないでしょう。

If I were you, I wouldn't go there alone.

108

もし…であれば～するのに

🔊 108　**中3**
入試出題率 ★★
仮定法過去

If ― 過去形 …, ― would ～.

もし今日晴れていれば，泳ぎに行くのに。

If **it were sunny today,**
I **would go swimming.**

文型 108

if のあとの動詞や助動詞を過去形にすることで，
現実とはちがう仮定であることを表します。

「～するのに」の部分では助動詞の過去形を使います。

	過去形			助動詞の過去形	
If it	**were**	sunny today,	I	**would**	go swimming.
もし	～だったら	晴れ	今日	～するのに	泳ぎに行く

ここがポイント！

1 助動詞の過去形は，would（～するのに）のほかに，could（～できたのに）やmight（～かもしれないのに）も使われます。

If	主語	過去形	～,	主語	would could might	動詞の 原形	～.

2 助動詞のあとの動詞は原形を使います。

❶ もし私に時間があれば，あなたといっしょに行くのに。

If I had time, I would go with you.

❶ 過去形（ここでは had ）を使うことで現実には今は時間がないことを表す。

❷ もし私が飛行機を持っていれば，世界中を旅するのに。

If I had a plane, I would travel around the world.

❸ もし彼が答えを知っていれば，彼はあなたに教えるでしょう。

If he knew the answer, he would tell you.

❹ もし私が東京に住んでいれば，毎週末買い物に行くのに。

If I lived in Tokyo, I would go shopping every weekend.

❶ go shopping は「買い物に行く」という意味。

❺ もし私がそこにいれば，あなたを助けることができるのに。

If I were there, I could help you.

❶ 文の後半で could を使うと「〜できるのに」という意味になる。

❻ もし私がもっとお金を持っていれば,それを買うかもしれません。

If I had more money, I might buy it.

❶ 文の後半で might を使うと「〜かもしれないのに」という意味になる。

語形変化一覧表

▌名詞の複数形

❶ s をつける（ふつうの語）

book（本）	— books	girl（女の子）	— girls

❷ es をつける（s, x, ch, sh で終わる語）

bus（バス）	— buses	box（箱）	— boxes
class（授業）	— classes	dish（皿）	— dishes

※ o で終わる語の一部にも，es をつけるものがある。〈例〉potato（じゃがいも）→ potatoes

❸ y を i に変えて es（〈子音字 + y〉で終わる語）

city（都市）	— cities	dictionary（辞書）	— dictionaries
story（物語）	— stories	country（国）	— countries

※ 〈母音字 + y〉で終わる語の場合には，そのまま s だけをつける。〈例〉boy（男の子）→ boys

❹ f, fe を v に変えて es（f, fe で終わる語）

leaf（葉）— leaves	life（生活）— lives	wife（妻）— wives

❺ 不規則に変化（ごく一部の語）

child（子ども）	— children	foot（足）	— feet
man（男の人）	— men	woman（女の人）	— women

▌動詞の3人称単数・現在形

❶ s をつける（ふつうの語）

come（来る）	— comes	know（知っている）	— knows

※ have の3人称単数・現在形は has（不規則変化）

❷ es をつける（o, s, x, ch, sh で終わる語）

go（行く）	— goes	do（する）	— does
pass（手渡す）	— passes	teach（教える）	— teaches
watch（じっと見る）— watches		wash（洗う）	— washes

❸ y を i に変えて es（〈子音字 + y〉で終わる語）

study（勉強する）	— studies	try（やってみる）	— tries
carry（運ぶ）	— carries	fly（飛ぶ）	— flies

※ 〈母音字 + y〉で終わる語の場合には，そのまま s だけをつける。〈例〉play（〈スポーツなど〉をする）→ plays

■ 動詞のing形

❶ ing をつける （ふつうの語）

walk（歩く）　　　－ walk<u>ing</u>　　　go（行く）　　　－ go<u>ing</u>

❷ e をとって ing をつける （e で終わる語）

come（来る）　　　－ com<u>ing</u>　　　make（作る）　　　－ mak<u>ing</u>
use（使う）　　　　－ us<u>ing</u>　　　　write（書く）　　　－ writ<u>ing</u>
take（取る）　　　－ tak<u>ing</u>　　　have（食べる）　　－ hav<u>ing</u>

※発音される e で終わる語にはそのまま ing をつける 〈例〉 see（見える）→ seeing

❸ 語尾の1字を重ねて ing （〈子音字＋アクセントのある母音字＋子音字〉で終わる語）

run（走る）　　　　－ run<u>ning</u>　　　swim（泳ぐ）　　　－ swim<u>ming</u>
get（手に入れる）－ get<u>ting</u>　　　stop（止まる）　　－ stop<u>ping</u>
sit（座る）　　　　－ sit<u>ting</u>　　　begin（始める）　－ begin<u>ning</u>

❹ ie を y に変えて ing （ie で終わる語）

die（死ぬ）　　　　－ d<u>ying</u>　　　lie（うそをつく）　－ l<u>ying</u>

■ 形容詞・副詞の比較級・最上級

❶ er, est をつける （ふつうの語）

tall（〈背が〉高い）－ tall<u>er</u> － tall<u>est</u>　　　old（古い）－ old<u>er</u> － old<u>est</u>

❷ r, st をつける （e で終わる語）

large（大きい）－ larg<u>er</u> － larg<u>est</u>　　　late（遅れた）－ lat<u>er</u> － lat<u>est</u>

❸ y を i に変えて er, est （〈子音字＋ y〉で終わる語）

easy（簡単な）－ eas<u>ier</u> － eas<u>iest</u>　　　busy（忙しい）－ bus<u>ier</u> － bus<u>iest</u>
early（早く）－ earl<u>ier</u> － earl<u>iest</u>　　　happy（幸せな）－ happ<u>ier</u> － happ<u>iest</u>

❹ 語尾の1字を重ねて er, est （〈子音字＋アクセントのある母音字＋子音字〉で終わる語）

big（大きい）－ big<u>ger</u> － big<u>gest</u>　　　hot（暑い，熱い）－ hot<u>ter</u> － hot<u>test</u>

❺ 前に more, most （2音節以上の語の大部分）

interesting（おもしろい）－ <u>more</u> interesting － <u>most</u> interesting

※ more, most をつける語 → p.165

語形変化一覧表

■ 規則動詞の過去形・過去分詞

❶ ed をつける（ふつうの語）

| help（手伝う） | － | help<u>ed</u> | look（～に見える） | － | look<u>ed</u> |

❷ d だけをつける（e で終わる語）

like（好む）	－	like<u>d</u>	use（使う）	－	use<u>d</u>
live（住む）	－	live<u>d</u>	move（動かす）	－	move<u>d</u>
arrive（到着する）	－	arrive<u>d</u>	close（閉じる）	－	close<u>d</u>

❸ y を i に変えて ed（〈子音字＋ y〉で終わる語）

| study（勉強する） | － | stud<u>ied</u> | try（やってみる） | － | tr<u>ied</u> |
| carry（運ぶ） | － | carr<u>ied</u> | worry（心配する） | － | worr<u>ied</u> |

※〈母音字＋ y〉で終わる語の場合には、そのまま ed をつける。〈例〉play（〈スポーツなど〉をする）→ played

❹ 語尾の 1 字を重ねて ed（〈子音字＋アクセントのある母音字＋子音字〉で終わる語）

| stop（止まる） | － | stop<u>ped</u> | plan（計画する） | － | plan<u>ned</u> |

■ 不規則動詞の過去形・過去分詞

❶ ABC 型（原形・過去形・過去分詞が異なる形）

be（～である）	－was, were－ been	begin（始まる）	－began － begun
break（こわす）	－broke －broken	do（する）	－did －done
draw（描く）	－drew －drawn	drink（飲む）	－drank －drunk
drive（運転する）	－drove －driven	eat（食べる）	－ate －eaten
fall（落ちる）	－fell －fallen	fly（飛ぶ）	－flew －flown
forget（忘れる）	－forgot－forgotten*	get（得る）	－got －gotten*
give（与える）	－gave －given	go（行く）	－went －gone
grow（育てる）	－grew －grown	know（知っている）	－knew － known
ride（乗る）	－rode －ridden	see（見える）	－saw －seen
show（見せる）	－showed － shown*	sing（歌う）	－sang －sung
speak（話す）	－spoke －spoken	swim（泳ぐ）	－swam －swum

take（取る）　　−took　　−taken　　write（書く）−wrote　−written

* forget − forgot − forgot, get − got − got, show − showed − showed という変化もある。

❷ ABA 型（原形と過去分詞が同じ形）

become（〜になる）−became−become　　come（来る）− came − come

run（走る）　　　−ran　　　−run

❸ ABB 型（過去形と過去分詞が同じ形）

bring（持ってくる）−brought −brought　　build（建てる）−built　　−built

buy（買う）　　　−bought−bought　　catch（とらえる）−caught −caught

feel（感じる）　−felt　　−felt　　find（見つける）−found　−found

have（持っている）−had　　−had　　hear（聞こえる）−heard　−heard

keep（保つ）　−kept　　−kept　　leave（去る）　−left　　−left

lend（貸す）　−lent　　−lent　　lose（失う）　−lost　　−lost

make（作る）　−made　−made　　mean（意味する）−meant　−meant

meet（会う）　−met　　−met　　read（読む）　−read*　−read*

say（言う）　　−said　　−said　　sell（売る）　−sold　　−sold

send（送る）　−sent　　−sent　　sit（座る）　−sat　　−sat

sleep（眠る）　−slept　−slept　　spend（過ごす）−spent　−spent

stand（立つ）　−stood −stood　　teach（教える）−taught −taught

tell（伝える）　−told　　−told　　think（考える）−thought −thought

understand（理解する）−understood−understood

* read は，つづりが同じで発音だけが変化する。過去形・過去分詞の発音は [red]。

❹ AAA 型（原形・過去形・過去分詞が同じ形）

cut（切る）　　−cut　　−cut　　set（置く）　　−set　　−set

let（〜させる）−let　　−let　　put（置く）　　−put　　−put

編集協力	株式会社エデュデザイン
	水島郁, 上保匡代, 株式会社シー・キューブ
英文校閲	山田暢彦, Joseph Tabolt
録音	一般財団法人英語教育協議会（ELEC）
ナレーション	Jennifer Okano, Vinay Murthy, 香月カグヤ
DTP	株式会社明昌堂　データ管理コード：23-2031-1851（2022）
カバーデザイン	山口秀昭（StudioFlavor）
本文・カバーイラスト	下田麻美

この本は下記のように環境に配慮して製作しました。
・製版フィルムを使用しないCTP方式で印刷しました。
・環境に配慮した紙を使用しています。

例文でしっかり身につく　中学英文法108